AXEL UND BIBIANA BEHRENDT

# DIE SCHÖNSTEN TRATTORIEN VON VENEDIG

Mit Fotos von Axel Behrendt

WILHELM HEYNE VERLAG
MÜNCHEN

2. Auflage 1999



Schutzumschlag und grafische Gestaltung:
Hauptmann und Kampa Werbeagentur, CH – Zug
Satz: KortSatz GmbH, München
Repro, Druck und Bindung: RMO Druck, München
Printed in Germany

ISBN 3-453-13768-X

# INHALT

# VORWORT

Venedig gehört zu den beliebtesten Zielen für Städtereisen. Schade, daß viele Besucher der Lagunenstadt – touristisch wie kulinarisch – kaum mehr als die ausgetretenen Pfade rund um die wichtigsten Sehenswürdigkeiten kennenlernen. Hier lassen sich die meisten von ihnen mit billigen »Touristen-Menüs« abspeisen, während Gourmets »sicherheitshalber« renommierte Spitzenrestaurants ansteuern. Dabei gibt es zwischen diesen beiden Extremen doch so viele Lokale, die all das verbinden, was im Grunde jeder Venedigreisende sucht: Authentizität, Gemütlichkeit, regionale Weine und traditionelle venezianische Küche zu reellen Preisen – kurzum, das »echte« Venedig, wo an den Nachbartischen nicht Japaner oder Amerikaner sitzen, sondern die Venezianer selbst.

Also haben wir uns auf die Reise begeben, auf die Suche nach den wirklich »schönsten« Trattorien. Doch was heißt in diesem Zusammenhang »schön«? Den Venezianern selbst ist der dekorative Chic nicht so wichtig, und unter »Gemütlichkeit« versteht man in Venedig etwas anderes als nördlich der Alpen. Kerzenschein oder Neonlicht? Egal – Hauptsache, man kann angenehm sitzen und plaudern. So sind denn auch längst nicht alle Trattorien in diesem Buch »schön« im landläufigen Sinne. »Schön« ist vielmehr, daß sie alle irgendwie Charme und Charakter haben, jede Trattoria auf ihre Art.

Apropos »Trattoria«: Wer dieses Buch aufmerksam durchblättert, wird feststellen, daß längst nicht jedes Lokal unter diesem Begriff firmiert. Ähnlich, wie es bei uns Kneipen, Weinstuben, Gasthöfe und Restaurants gibt, wird auch in der italienischen Gastronomie der Lokal-»Typ« durch eine eigene Bezeichnung angedeutet.

In der *trattoria*, dem klassischen bürgerlichen Gasthaus, wird, jedenfalls in der Theorie, dem Speisenangebot mehr Bedeutung zugemessen als etwa in einer *osteria*. Dieser Name signalisierte in früherer Zeit nur »Weinverkauf mit Weinstube«, doch längst sind die meisten Osterien zu gutbürgerlichen, familiär geführten Restaurants avanciert, in denen die Speisenkarte immer länger wurde. Viele Osterien sind aus Gründen der Tradition bei ihrem Namen geblieben, manche nennen sich heute *ristorante*. Und dann wäre da noch eine spezifisch venezianische Gastronomieform: das *bàcaro*, der traditionelle Typ einer Weinschenke, in der lediglich kleine regionaltypische Speisen angeboten werden, der Wein jedoch nach wie vor im Mittelpunkt des Interesses steht.

Soweit zur Theorie. In der Praxis allerdings verschwimmen die Unterschiede. Wir haben Bàcari erlebt, in denen man sich problemlos ein mehrgängiges Menü zusammenstellen konnte, Trattorien, die mehr einer Osteria gleichkamen, und Osterien, die sich in nichts von einem Spitzenrestaurant unterschieden ...

Lassen Sie sich also von diesen Begriffen ebensowenig verwirren, wie wir es getan haben, und begleiten Sie uns auf unserem kulinarischen Streifzug durch eine der faszinierendsten Städte Europas. Verlassen Sie mit uns den Touristenstrom, der sich zwischen Markusplatz und Rialtobrücke unaufhörlich hin- und herwälzt. Viele der hier vorgestellten Trattorien und Konsorten, vielleicht sogar die meisten, liegen abseits der bekannten Plätze, versteckt im Gewirr der Gassen – echte »Geheimtips« also, die doch oft nur »um die Ecke« der touristischen Ziele zu finden sind.

Sie werden Venedig so von einer ganz anderen Seite kennenlernen und dabei erleben, wie vielfältig die Gastronomie dieser Stadt ist. Wir haben unsere Auswahl so getroffen, daß nach Möglichkeit für jeden Geschmack und für jede denkbare Gelegenheit etwas geboten ist: Bàcari, in denen man schon am Vormittag eine *ombra* trinken kann, das kleine Gläschen Wein als erste Stärkung nach dem Morgenspaziergang; Trattorien, in denen man mittags fangfrischen Fisch, Muscheln oder Krustentiere bekommt; Osterien, um nachmittags bei einem Prosecco Rast vom Stadtbummel zu machen; kleine, schlichte Lokale, die abends bei Kerzenschein das romantische Venedig lebendig werden lassen; und nicht zuletzt auch einige Trattorien und Osterien, die mittlerweile zu veritablen Restaurants gereift sind, ohne jedoch ihre Wurzeln zu verleugnen – auch sie sind immer noch »typisch venezianisch«, indem sie die klassische Küche dieser Stadt weiterpflegen, traditionelle Spezialitäten oft überhaupt erst in unsere Zeit hinübergerettet haben und diese nun, auf höherem Niveau und manchmal auch leicht modernisiert, mit Stolz präsentieren.

Auf die Aufnahme hinlänglich bekannter Spitzenrestaurants – wie etwa im oberen Stockwerk von Harry's Bar oder in Hotels wie Gritti Palace, Bauer Grünwald, Danieli oder im Excelsior und dem Des Bains am Lido – haben wir allerdings bewußt verzichtet. Selbstverständlich kann man auch dort so manches klassisch venezianische Gericht in höchster Qualität genießen. Insgesamt jedoch ist deren kulinarisches Programm ausgesprochen international angelegt, so daß wir uns auf die ur-venezianische Gastronomie beschränkt und konzentriert haben.

Wo auch immer Sie einkehren mögen – wir wünschen Ihnen für Ihre persönliche Entdeckungsreise viel Spaß und angenehme Stunden. Und vor allem, daß Sie das wiederfinden, was auch wir kennenlernen durften: das Venedig der Venezianer.

# GASTFREUNDSCHAFT IN VENEDIG

Venedig, eine Stadt der Klischees – Kanäle und Karneval, Gondeln und Gäßchen, Markusplatz und Dogenpalast ... Vielen Touristen wird inmitten dieser lebenden Postkartenidylle gar nicht klar, daß in der Lagunenstadt tatsächlich noch Menschen wohnen oder zumindest arbeiten, Einheimische, die hier ganz normal leben. Immer wieder hört man Horrormeldungen über eine massive »Landflucht« nach Mestre, Marghera oder ins Hinterland. Wird Venedig bald nur noch eine tote »Museumsstadt« sein? Oder eine Tourismusfabrik, womöglich im Stil einer »Disney World Venice«?

Soweit wird es wohl nicht kommen. Aber die stetige Abwanderung vieler Venezianer ist nun einmal Realität. Daran sind nicht nur die hohen Lebenshaltungskosten oder die Einseitigkeit des Arbeitsplatzangebotes schuld. In Venedig zu wohnen bedeutet im praktischen Leben tatsächlich zahlreiche Einschränkungen hinsichtlich moderner Lebensqualität: feuchtes Klima, immer wieder Hochwasser, schlechte Bausubstanz und das Fehlen modernen Komforts in den alten Gebäuden, kaum Kinderspielplätze, zu wenige Einkaufsmöglichkeiten für den Normalverdiener, lange Fußwege, treppauf, treppab ... Wer es dennoch hier aushält, weiß warum: aus Stolz auf die große Vergangenheit, auf den eigenartigen Zauber Venedigs, das im Winter, nach dem Abebben der Touristenströme, wieder zur Kleinstadt wird. Ein Dorf, in dem jeder jeden kennt und jeder alles über jeden weiß. Man lebt mit der Tradition, auch kulinarisch. Und so existieren hier immer noch die alten Weinschenken und kleinen Trattorien mit ihrem durch urvenezianische Gewohnheiten bestimmten

Programm. Versteckt in dunklen Gassen, unauffällig von außen, Rückzugsorte für Einheimische.
Die Osterien von Venedig haben Historiker fasziniert und wissenschaftliche Abhandlungen inspiriert. Das Schönste allerdings ist, daß sie Jahrhunderte überdauert haben und es sie wirklich noch in ihrer ursprünglichen Form gibt. Gemeinsam ist ihnen die große Bar, der *banco*, hinter der der Hausherr, von Frau, Mutter oder Tochter unterstützt, Wein ausschenkt. Davor nur Stehplätze, allenfalls einige Hocker für müde Damen oder die Senioren des Viertels. Existiert ein Hinterzimmer mit Tischen, kann man davon ausgehen, daß die »Mamma« selbst kocht: urvenezianisch, versteht sich.
Die Hauptsache in diesen Osterien ist natürlich der Wein. Und der stammte schon immer aus den »Hinterhöfen« der Lagunenstadt: in grauer Vorzeit von den Weinbergen ihrer griechischen und zypriotischen Besitzungen, im 19. Jahrhundert nach der Machtübernahme durch die Österreicher aus deren dalmatischen Rebanlagen, seit dem Anschluß an das neue Königreich Italien 1866 vorwiegend aus inländischen Gefilden. Der Weinhandel in Italien lag zu jener Zeit fest in den Händen aus Apulien stammender Kaufleute, die nicht nur ihre Weine nach Venedig, sondern sie auch gleich vor Ort in Osterien zum Ausschank brachten. Noch heute existieren Weinlokale, die von Nachfahren der damals zugezogenen Apulier geführt werden. Den Weingeschmack der Venezianer allerdings trafen die schweren Rot- und die brachialen Weißweine von der Südspitze des Stiefels nicht. So sahen sich die gewitzten Händler schnell nach Alternativen um und wurden ganz in der Nähe fündig: Das Veneto und Friaul-Julisch-Venetien, die *terraferma* (das Festland) der Lagunenmetropole, liefern auch heute noch den Großteil ihrer Weine. Und die spielen nach wie vor eine wichtige Rolle für die Venezianer. Hier ist es durchaus üblich, sich

schon am späten Vormittag zu treffen und eine kleine *ombra* zu trinken, ein Gläschen Wein – oder einen prickelnden, belebenden Prosecco – von etwa 10 cl, also etwas weniger als unser kleines deutsches »Achtel«. Dafür bleibt es dann oft nicht bei dem einen Gläschen, schließlich kann es in Venedig sehr heiß sein. Von diesem Umstand rührt indirekt auch die Bezeichnung, denn *ombra* bedeutet Schatten – in dem man sich früher, an einem Straßenausschank, aufgehalten hat, damit Wein und Kopf kühl blieben. Manche sind dabei, immer schön im Häuserschatten, von Osteria zu Osteria gewandert (*»andar all'ombra«*), was dann leicht in einen *»giro de ombre«* münden konnte, der auch heute noch vorkommen soll – sozusagen in einen »Zug durch die Gemeinde«. Aber meist bleibt ja alles im Rahmen, bei einer *ombra* oder, mangels Zeit, einer *ombretta*. Letztere ist nicht etwa ein noch kleineres Gläschen Wein, sondern eine *ombra*, die man in einem Zug runterkippt. Geschmackssache sicherlich, jedenfalls ist *»andar all'ombra«* eine klassenverbindende Angelegenheit über Standesgrenzen hinweg, hierbei mischen sich Fischer unter Advokaten, Patrizier und Händler, dazu gehört, wer den weichen Dialekt spricht: Venedig, das Dorf. Man trifft sich auf der Straße, ein kurzes »Ciao«, eine schnelle *ombra*, und weiter geht's.

So rastlos die Venezianer auch sein mögen, mittags und abends setzen auch sie sich für eine richtige Mahlzeit zu Tisch. Dabei zieht es sie in eine Osteria mit Speiseraum, in schlichte Trattorien oder kleine Ristoranti. Das Ambiente spielt dabei eine untergeordnete Rolle, obwohl es auch sehr schöne, pittoreske Lokale gibt. All das, was man hierzulande für »gemütlich« hält, wird hier, wie häufig in Italien, als eher zweitrangig angesehen – obwohl man auch sehr freundliche Trattorien mit bequemen Bänken und kuscheligen Nischen findet. Doch Gastfreundschaft wird hier meist weniger durch das Ambiente zum Ausdruck gebracht als durch menschliche Zuwendung, durch ein Lächeln oder durch ein nettes Wort.

Fast so wichtig wie der Wein ist eine gute Küche – und deren Kriterien sind in den Augen der Venezianer ebenso einfach wie klar definiert: Die verwendeten Produkte müssen frisch sein, der Fisch sollte aus der Adria stammen, Meeresfrüchte aus der Lagune, die Polenta muß frisch gerührt sein. Wochentags essen die Venezianer in der Stadt, am Wochenende zieht es sie hinaus auf die Laguneninseln, deren Trattorien generell zu empfehlen sind.

Das Mahl selbst ist eine für fremde Beobachter teilweise kryptische, zumindest staunenerregende Angelegenheit. Ein Beispiel: Wir saßen auf der freundlichen Terrasse von »Da Nane«, der bekanntesten Trattoria auf der langgestreckten, staubig-öden Insel Pellestrina, die die Lagune zum Meer hin begrenzt und schützt. Ein sonniger Mittag, wir genossen den herrlichen Blick über das Wasser. Ein Motorboot rauschte heran, entließ eine Familie – drei Generationen –, offensichtlich Stammgäste des Hauses. Schnell war der Tisch bereit, standen schäumender Prosecco und stilles Mineralwasser da. Und dann trugen die beiden Kellner auf, was die Küche hergab: Auf mariniertes Seespinnenfleisch in der Schale *(Granseola)* folgte eine enorme Platte mit Langusten und Limetten-Mayonnaise, Heuschreckenkrebsen, Tintenfisch mit Sauce *(Seppie in umido)*, mit marinierten Schnecken *(Garusoli)*, Messerscheiden-Muscheln *(Capelonghe)* mit Dip, süß-sauer marinierten Sardinen *(Sarde in saor)* und zahlreichen weiteren *Frutti di mare*. Ruck, zuck war die Platte leer, der bestellte Weißwein wurde aufgetragen. Als Zwischengang: gratinierte Jakobsmuscheln *(Capesante)*, gefolgt von einer gigantischen Terrine voll Venus- und Miesmuscheln im Weinsud *(Caparossoli e cozze saltati)*.

Nun mußte erst einmal ein Sorbet etwas Platz für die weiteren Gänge schaffen. Dann Pasta: Man hatte sich offensichtlich für *Pasticcio di pesce* entschieden, einen Meeresfrüchte-Fischauflauf, mit Krebsbutter überbacken. Bereits bis hierher hätten die von den sechs Gästen verspeisten Portionen bequem für eine größere Party gereicht. Doch nun folgte noch eine gemischte Fischplatte mit Rotbarben, Riesengarnelen, Wolfsbarsch und Aal, lecker mit Zitrone und Olivenöl garniert. Dazu ein großer Rucola-Tomaten-Salat und Gemüse vom Grill. Als Dessert ein Glas Fragolino mit Burano-Keksen, ein Espresso mit Grappa, die Rechnung – und »Arrivederci«! Während wir noch auf den Hauptgang warteten, entschwand das Boot mit der Familie aus gehobener Mittelschicht bereits mit schäumender Bugwelle gen Venedig.

Das Geschehen am Nachbartisch erinnerte stark an historische Schilderungen der opulenten Renaissance-Bankette der Dogen, an Menükarten der Jahrhundertwende, an »Gargantua und Pantagruel«. Und doch war es Venedig im Jahr 1997. Aber wir sollten solche in geradezu preußischer Kürze durchexerzierte Essensschlachten noch öfter erleben. Denn Zeit nimmt sich der Venezianer nur für seine *ombra*, Muße beim Speisen ist ihm – vor allem mittags – dagegen weniger wichtig.

Ein Tip für Reisende: Ein solcher Ansturm hat den Vorteil, daß er in der Regel nach gut einer Stunde bereits wieder vorbei ist – kommen Sie also entweder sehr früh, schon kurz nach Öffnung des Lokals, damit Sie sich einen Tisch mit optimalem Blick auf dieses Spektakel sichern können; oder gehen Sie, wenn Sie es etwas ruhiger lieben, etwas später zum Mittagessen. Ab 14 Uhr sind die meisten Trattorien wieder Oasen der Ruhe.

# DIE VENEZIANISCHE KÜCHE

Die Küche der Venezianer ist keine Küche für Feinschmecker, die ihren Genuß in einer perfekt abgestimmten Harmonie aus subtilen Aromen und feinsten Konsistenzen suchen, die sich zu kreativen Gerichten verbinden. Vielmehr ist sie traditionell im Grunde eine schlichte Fischerküche, die sich auf das beschränkt, was die Lagune, deren Inseln und die Adria vor der Haustür hergeben. Und das ist nicht gerade wenig: vielerlei Fisch und Meeresfrüchte sowie Gemüse von den fruchtbaren Inseln Vignole, San Erasmo und Torcello. Im Spätsommer und Herbst gibt es zusätzlich Wildgeflügel, das wie schon zu Hemingways Zeiten bis heute im Schilf der unbewohnten Inselchen in der Nord- und Westlagune geschossen wird. Daraus entsteht eine einfache Küche von herzhafter Würze, die die lange Historie der Seerepublik als wichtigster Gewürzhafen Europas widerspiegelt.

Die Speisenfolge in Venedig ist die gleiche wie überall in Italien: Auf die Vorspeisen *(antipasti)* folgt der erste Gang *(primo piatto)*, der aus Pasta, einem Risotto oder einer Suppe bestehen kann. Daran schließt sich der Fisch- oder Fleischgang als *secondo (piatto)*, zu dem die Beilagen *(contorni)* extra geordert werden müssen, als Abschluß folgen die *dolci*, das Dessert. In den traditionellen Trattorien und Osterien, die in diesem Buch vorgestellt werden, wird erwartet, daß der Gast mindestens zwei Gänge sowie Wein bestellt. Es ist zudem nicht üblich, nach dem Essen noch längere Zeit beim Digestif zu verweilen: Wundern Sie sich also nicht über mehr oder minder sanften Druck seitens des Kellners, sobald das Hauptgericht abgeräumt wurde. Wer beim Wein verweilen möchte,

ist in Venedig auf die bekannten Cafés oder andere touristische Lokale angewiesen.
Die traditionellen ANTIPASTI bestehen meist aus frischen Meeresfrüchten, die roh mariniert, gebraten oder gekocht serviert werden. Darüber hinaus werden die typischen Vorspeisenplatten mit Salami, Coppa, Schinken und eingelegtem Gemüse angeboten.
MINESTRE, die Suppen, sind vor allem im Frühjahr auf den Karten zu finden und bestehen meist aus frischem Gemüse. Sehr typisch für Venedig und ganzjähriges Standardgericht ist *Pasta e fagioli*, eine dicke Bohnensuppe mit kleinen Röhrennudeln. Viele Fischlokale bieten montags eine der Bouillabaisse verwandte Fischsuppe *(Sopa di pesse)* an, deren Basis die als Speisefische weniger beliebten, aber am Wochenende als Dekoration der Fischvitrine wichtigen Dornhaie und Schwertfische bilden.
RISOTTO wird in Venedig cremiger und flüssiger zubereitet als andernorts in Italien und mit allen möglichen Arten von Fisch und Meeresfrüchten oder Gemüse kombiniert. Eine besondere Spezialität des Veneto ist der Risotto nach Art von Treviso mit rotem, leicht bitterem Radicchio sowie der *Risotto nero*, der mit Sepiatinte schwarz gefärbt und mit Meeresfrüchten serviert wird.
PASTA ist in der traditionellen venezianischen Küche nur in Form der Bigoli, dicker Spaghetti aus Vollkornweizenmehl, vertreten. Diese werden klassisch mit Sardellensauce als *Bigoli in salsa* serviert. Darüber hinaus findet sich auf den Speisenkarten natürlich eine ganze Reihe weiterer Pastagerichte, die aus anderen Teilen Italiens hierhergekommen oder der Kreativität des Küchenchefs entsprungen sind. In der Saison findet man auch *Pasta all'anatra* – Nudeln mit Entenragout – auf der Karte, allerdings aus den Innereien gemacht und mit deren leicht bitter-säuerlichem

Geschmack nicht zu jedermanns Genuß. Ein kulinarischer Import aus den früheren venezianischen Besitzungen in Griechenland ist der *Pasticcio di pesce*, ein gehaltvoller Nudelauflauf mit Fisch.

FISCH ist Grundnahrungsmittel in Venedig. Die Auswahl an fangfrischem Lagunen- und Adria-Fisch auf dem Fischmarkt am Rialto ist groß, das Angebot der Trattorien tagesaktuell. Die gängigsten Fischsorten sind *branzino* (Wolfsbarsch), *orata* (Dorade, Meerbrasse), *sogliola* (Seezunge), *coda di rospo* (Seeteufel), *rombo* (Butt) und *anguilla* (Aal). Fische aus anderen Meeren oder Austern sind nur in den Luxusrestaurants erhältlich. Fisch wird meist gegrillt und nur mit Zitrone gewürzt, gelegentlich auch pochiert. Fischsaucen, die eher selten sind, werden auf gewürzter Weißwein-Velouté-Basis zubereitet. Traditionelle Zubereitungen sind Tintenfische *(seppie)* oder warmes Stockfischmus *(bacalà)* mit Polenta. Auch Freunde eines erstklassigen *Fritto misto* kommen in Venedig voll auf ihre Kosten.

FLEISCH spielt in Venedig wie in den meisten Fischfangregionen eher eine Nebenrolle. Es ist selbst in guten Metzgereien nahezu unmöglich, ein abgehangenes Rindersteak zu kaufen, man sollte daher auch in Restaurants auf die Bestellung verzichten. Immer gut, oft sogar perfekt, ist *Fegato alla veneziana*, Kalbsleber auf venezianische Art. Beliebt sind auch Kutteln *(trippe)*, die allerdings nur aus dem zarten Blättermagen des Kalbs gekocht werden. Gelegentlich findet sich auch Geflügel und Kaninchenragout auf der Tageskarte. Im Winter werden ab und zu Schmortöpfe und Lammfleisch angeboten. Fleischliebhaber müssen in Venedig ihre Ansprüche drastisch zurückschrauben, in ein Luxusrestaurant gehen oder einen Ausflug aufs Festland unternehmen.

GEMÜSE wird in Venedig soweit möglich saisonal angeboten. Im Winter ißt der Venezianer lieber nur Kohl als Importware.

Dank der guten Verbindungen nach Süditalien ist eine Platte mit mariniertem Gemüse als Antipasto oder gegrilltem, mit Olivenöl beträufeltem Gemüse als Beilage das ganze Jahr über ein Genuß. Als typisch venezianische Gemüsesorten gelten Artischocken *(castraure)*, Spargel und Kürbisse von San Erasmo – dem Gemüsegarten der Lagunenstadt –, die während der Saison in vielerlei Varianten zubereitet werden. Salate dagegen findet man selten als Beilagen. Üblicherweise wird zum Hauptgang ein sehr teurer *Insalata mista* angeboten, der meist nur aus Rucola und Tomaten besteht. Dressings sind unbekannt, der Salat wird vom Gast selbst nach Geschmack mit Salz und Pfeffer, Essig und Olivenöl angemacht.

Auch KÄSE spielt in der venezianischen Küche eine untergeordnete Rolle. Gelegentlich finden sich regionale Sorten wie der Asiago, ein Kuhmilchkäse, der in verschiedenen Reifegraden angeboten wird, oder feinwürzige Schafs- oder Ziegenkäse.

DOLCI sind für normale Esser nach einem kompletten Menü kaum noch zu bewältigen. Einige Trattorien bieten neben frischem Obst und Eis auch Mehlspeisen an, die aus der Zeit der österreichischen Besatzung stammen. Das wohl beliebteste Dessert sind *Baicoli buranelli:* trockene Gewürzkekse aus Burano, die in ein Glas Süßwein oder Fragolino gestippt werden. Fragolino ist übrigens strenggenommen kein Wein – zumindest darf er nicht als solcher verkauft werden, da die aus Amerika stammende und nach ihrem Exporteur auch als »Clinto« bekannte Rebsorte nicht den nach EU-Recht erforderlichen Mindestalkoholgehalt erbringen kann. Der süße, stark nach Erdbeeren duftende Fragolino wird dennoch verkauft, allerdings ohne Etikett und als »weinhaltiges Getränk« deklariert.

# DIE WEINE DES HINTERLANDES

Aufgrund seiner Insellage hat Venedig naturgemäß keinen Weinbau zu bieten. Wie sehr die Venezianer dennoch die Weinrebe schätzen, beweisen die unermüdlichen Versuche, die Pflanzen in Ermangelung fruchtbaren Bodens zumindest als Topfpflanzen auf den winzigen Balkons oder in versteckten Hinterhofgärtchen zu ziehen. Einige wenige Rebflächen mit traditionellen Pergolen finden sich lediglich auf den landwirtschaftlich genutzten Inseln Vignole, San Erasmo und Torcella.

Dennoch hat die Hauptstadt des Veneto als Weinhandelsmetropole eine lange önologische Tradition vorzuweisen, prägten ihre Kaufleute die Entwicklung der Weinkultur über die Jahrhunderte entscheidend mit. Kurz nach Inbesitznahme der Terraferma, des heutigen Veneto, wußten auch die dortigen Winzer, wie man aus sonnengetrockneten Recioto- und Passito-Trauben die heute noch hochgeschätzten Weinspezialitäten Venetiens keltern konnte, die in jeder kleinen Weinbar, Osteria oder Trattoria erhältlich sind und die vorzüglich zu den *cicheti*, den herrlichen kleinen Häppchen am Tresen, passen.

Das historische Hinterland Venedigs, das die heutige Region VENETIEN mit den Provinzen Roverigo, Padua, Vicenza, Verona und Treviso umfaßt, reicht von der Poebene im Süden (Region Emilia-Romagna) bis an den Gardasee im Westen und im Norden bis zu den Ausläufern der Dolomiten. Eine Landschaft, in der schon seit Jahrtausenden Weinbau betrieben wird und in der die vermögenden Venezianer im 16. Jahrhundert besonders am Brenta-Kanal eine üppige Villenkultur entfalteten. Bereits die Etrusker erkannten die

idealen Gegebenheiten der Hügel Venetiens für den Weinbau.
Heute ist Venetien das Weinbaugebiet Italiens, das die größte Menge an Qualitätsweinen mit der kontrollierten Güteklassifizierung *Denominazione di Origine Controllata* (DOC) erzeugt. Zwar haben hier wie andernorts in den sechziger und siebziger Jahren Fehlentwicklungen in der Weinbaupolitik dazu geführt, daß die DOC-Bereiche auch auf für Qualitätsweinbau ungeeignete Zonen (wie etwa die vordem für den Getreideanbau genutzten Ebenen um Soave und Valpolicella) ausgedehnt und darüber hinaus zu hohe Ertragsmengen genehmigt wurden. Das Ergebnis war entsprechend: Kleine, flache Weinchen begannen den Markt zu überschwemmen, auf deren Flaschen zwar das DOC-Zertifikat prangte, die dem Genießer jedoch nicht den erwarteten Genuß brachten. Doch fiel es Weinkennern auch damals nicht schwer, erstklassige und gleichzeitig bezahlbare Weine bei qualitätsorientierten Winzern zu finden, zu denen gerade die venezianischen Osterien-Wirte meist gute Kontakte pflegten.
Die zunehmende Nachfrage nach qualitativ hochwertigen Weinen hat auch im Veneto zu einem Umdenken geführt, und mittlerweile bürgen die kontrollierten Herkunftsbezeichnungen auch in der Breite für Qualität in der Flasche. Daneben wurden die Grenzen der italienischen Weinbau-Traditionen konsequent erweitert und inbesondere mit neuen Traubensorten experimentiert: Die berühmten roten Reben des Bordeaux haben hier eine zweite Heimat gefunden. Die Weine aus Cabernet und Merlot, nach dessen Vorbild ausgebaut, sind längst keine Epigonen mehr, sondern gehören heute zu den Spitzenprodukten des regionalen Weinbaus. Weiter im Norden hat sich in den letzten Jahren auch das Gebiet um Breganze mit seinen roten Merlots und Cabernets sowie seinen weißen Pinot Grigios einen Namen

gemacht, die angestammten Rebsorten Vespaiolo, Freisa und Gropello dagegen spielen inzwischen im internationalen Weingeschäft kaum noch eine Rolle. Anders in Venedig: Die traditionsbewußten Lagunenbewohner lieben ihre *ombra* aus althergebrachten Rebsorten, besonders den seit einigen Jahren weltweit in Mode gekommenen, aus der weißen Prosecco-Traube gekelterten gleichnamigen Schaumwein aus der Region um Conegliano in der Provinz Treviso im Norden Venetiens am Fuße der Dolomiten. Die besseren Versionen kommen aus dem Ort Valdobbiádene und haben Anspruch auf die Lagenbezeichnung »Cartizze«.

An Venetien schließt sich als nur rund 100 km breiter, fruchtbarer Landstreifen die Region Friaul-Julisch-Venetien. Dennoch gehört das von seiner Nähe zu Österreich und dem Balkan geprägte Gebiet zu den wichtigsten Erzeugern von Qualitätsweinen in Italien. Nicht zuletzt dem häufigen Herrschaftswechsel zwischen Habsburgern, Venezianern und Franzosen verdankt das Friaul seine Vielzahl an Rebsorten, aber auch die einzigartige Möglichkeit, die Einführung der DOC-Gebiete, der kontrollierten Herkunftsbezeichnungen, konsequent und übersichtlich zu gestalten: Mangels Kontinuität konnten keine Traditionen entstehen, die einer Neuordnung im Wege gestanden hätten. So verfügt das Friaul heute über rund ein Dutzend Rebsorten, von denen die alteingesessenen Verduzzo, Schioppettino, Refosco, Tocai Friuliano, Ribolla Gialla, Pignolo, Tacelenghe und der seltene Picolit in Venedigs Trattorien und Osterien zu den beliebten Standards gehören.

# BEWERTUNG UND TIPS ZUR BENUTZUNG

Die im folgenden Hauptteil des Buches vorgestellten Lokale haben wir nach den Kriterien »Ambiente«, »Weine« und »Küche« mit jeweils einem bis vier Sternen bewertet. Dies ist in allen Fällen selbstverständlich eine rein subjektive Einschätzung, über die man – wie immer in solchen Fällen – geteilter Meinung sein kann. Die Abstufungen unserer mehr oder weniger großen Bewunderung lassen sich etwa so definieren:

BEWERTUNG DES AMBIENTES

* = Schlicht, oft unscheinbar bis unansehnlich, aber immer originell.

** = Gutbürgerlich und gepflegt, oft recht individuell dekoriert (persönliche Erinnerungsstücke, Nippes).

*** = Gehobene Atmosphäre, die schon von gewissem ästhetischem Fingerspitzengefühl zeugt.

**** = Ein Ambiente, wie man es sich wünscht: Egal, ob die Wände mit rauchgeschwärztem Holz vertäfelt oder mit glänzender Seide bespannt sind ... , in jedem Fall vermittelt die Atmosphäre ein Stück vom Lebensgefühl dieser Stadt.

BEWERTUNG DER WEINE

* = Kleine Auswahl schlichter, aber sauberer Weine, meist aus der Region.

** = Größere Auswahl anständiger Weine, unter denen sich auch einmal ein interessanter Tropfen findet, der nicht überall auf der Karte steht.

*** = Beachtliche Kenntnis bei der Zusammenstellung

der Weinkarte; auch Weine namhafter Winzer aus anderen Regionen, auch über Italien hinaus; adäquate Weinpflege und Präsentation.

**** = Große Auswahl, die keine Wünsche offen läßt.

Die Bewertung nach den angebotenen Weinen haben wir auch im Hinblick auf das jeweilige Preis-Leistungs-Verhältnis getroffen. Es kann also vorkommen, daß ein Haus mit erstklassiger, aber teurer Weinkarte lediglich drei Sterne zieren, während wir eine Trattoria mit »nur« sehr gutem Angebot dank ziviler Preise höher eingestuft haben.

BEWERTUNG DER KÜCHE

* = Einfache Küche, unspektakuläre Standardgerichte.

** = Solide gutbürgerliche Speisen – wie bei »Mamma«.

*** = Gehobenes Können am Herd, viel Fingerspitzengefühl, hier und da auch eine Prise Originalität.

**** = Spitzenküche à la Venezia, die auch höchsten Ansprüchen gerecht wird.

Bei Osterien, die lediglich »Häppchen« anbieten, haben wir vor der Sterne-Bewertung für die »Küche« ein Sandwich-Symbol (🥪) eingefügt – vier Sterne für eine solche Osteria zeugen zwar von einem leckeren Angebot und frischer Zubereitung, signalisieren aber keineswegs, daß hier der Küche die gleiche Bedeutung zukommt wie etwa in einer ****-Trattoria. Das Symbol (🍽) hingegen verweist auf gehobene Gastronomie im Stil eines »Ristorante«.

WER SUCHET, DER FINDET

Es hätte sicherlich wenig Sinn gehabt, die folgenden Lokale etwa alphabetisch zu ordnen. Wir sind davon ausgegangen, daß die meisten Venedigreisenden ihre Exkursionen am und rund um den Markusplatz starten. In dieser Gegend beginnen auch wir und arbeiten uns, Stadtteil für Stadtteil, immer weiter »nach außen« vor, vom Viertel San Marco bis auf die Inseln.

Falls Sie dieses Buch im Handgepäck mitnehmen: Zu Ihrer besseren Orientierung ist auf der Titelseite jeder Trattoria – gekennzeichnet durch ein Boots-Symbol () – die nächstgelegene Vaporetto-Station angegeben.

Bitte berücksichtigen Sie auch, daß sich die Öffnungszeiten der Lokale gelegentlich ändern können oder man es damit hier und da nicht ganz so genau nimmt.

Zur Erleichterung des Studiums der Speisenkarten finden Sie außerdem im Anhang ein kleines kulinarisches Wörterbuch.

Und nun steht Ihrer kulinarischen Entdeckungsreise eigentlich nichts mehr im Wege!

*Handel und Wandel: die Via Garibaldi in Castello, einer der kleineren Stadtteilmärkte von Venedig.*

R. d. S. Alvise
R. d. Zecchini
Chiesa della Madonna dell'Orto
R. di San Girolamo
R. del Battello
R. della Sensa
R. d. Madonna dell' Orto
Canal di Cannaregio
Campo di Ghetto Nuovo
Palazzo Mastelli
Museo della Comunità Israelitica
R. della Misericordia
Fondam
R. Terrà S. Leonardo
R. T. d. Maddalena
Rio di S. Fosca
Palazzo Labia
S. Marcuola
Palazzo Vendramin-Calergi
R. S. Caterina
R. di Noale
Stazione Ferroviaria S. Lucia
Canal Grande
Strada Nova
Ponte degli Scalzi
S. Stae
Ca' d'Oro
Fond. S. Lucia
R. S. Zan Degola
R. di S. Stae
Palazzo Pesaro
Rio SS. Apostoli
Rio Marin
Gall. d'Arte Moderna
S. Canciano
Rio d. S. Zuane
R. d. Beccarie
Pal. dei Camerlenghi
Fond. d. Tedeschi
Rio Nuovo
R. di S. Polo
Scuola di San Giovanni Evangelista
Ponte di Rialto
Campo S. Polo
R. d. Muneghette
Rio di S. Polo
S. Rocco
S.M. dei Frari
Pal. Farsetti und Loredan
Scuola Grande di San Rocco
Pal. Grimani
Rio Nuovo
Calle dei Fabbri
Pal. Corner Spinelli
Museo Fortuny
Palazzo Contarini del Bovolo
C. S. Margherita
R. d. S. Margherita
Ca' Foscari
Ca' Rezzonico
S. Fantin
Scuola dei Carmini
Museo del Settecento Veneziano
Palazzo Grassi
Teatro La Fenice
Museo Correr
Calle Lunga S. Barnaba
Palazzo Corner della Ca'Grande
Ponte dell' Accademia
R. Ognissanti
R. d. S. Trovaso
Pal. Venier dei Leoni
Punta dei Dogana
Galleria dell'Accademia
Palazzo Dario
S.M. della Salute
Fondamenta delle Zattere
Canale della Giudecca
R. d. Convertite
FS
1 2 3 4 5 6 7 8 9 10 11 12 13 14 15 16 17 18 19 20 21 22 23 24 25 26 27 28 29 30 31 32 33 34 35 36 37 38 39 40 42 43 44 55 59 60 61 62 63

1 Trattoria Sempione
2 Al Teatro
3 Antico Martini
4 Vino Vino
5 La Caravella
6 Cucina da Mario
7 Osteria al Bacareto
8 Hosteria delle Botteghe
9 Trattoria da Fiore
10 Vini da Arturo
11 Osteria agli Assassini
12 Al Volto
13 Leon Bianco
14 Osteria a la Campana
15 Al Graspo de Ua
16 Antico Calice
17 Osteria alla Botte
18 Hostaria ai Rusteghi
19 Vini da Pinto
20 Cantina do Mori
21 Trattoria alla Madonna
22 Osteria Antico Dolo
23 Trattoria all'Antico Pizzo
24 Cantina do Spade
25 Vivaldi
26 Trattoria ai Tosi
27 Antica Trattoria Poste Vecie
28 Osteria da Fiore
29 Osteria al Ponte
30 Trattoria da Ignazio
31 Vecio Fritolin
32 Osteria da Andrea Bentigodi
33 Osteria do Colonne
34 Trattoria all'Antica Mola
35 Hosteria alla Pergola
36 Vini da Gigio
37 Osteria alla Bomba
38 Ai Promessi Sposi
39 Trattoria Bepi
40 A la Vecia Cavana
41 Osteria da Alberto
42 Fiaschetteria Toscana
43 Osteria Al Milion
44 Tre Spiedi da B.E.S.
45 Nuova Speranza
46 Arcimboldo
47 Trattoria da Remigio
48 Corte Sconta
49 Al Covo
50 Aciugheta
51 Al Vecio Penasa
52 Osteria da Bacco
53 Al Giardinetto da Severino
54 Ai Nanetti
55 Osteria al Mascaron
56 Trattoria da Bruno
57 Barbacani
58 Osteria alle Testiere
59 Osteria al Portego
60 Ai Gondolieri
61 Cantinone Storico
62 Agli Alboretti
63 Cantina del Vini già Schiavi
64 Trattoria da Andri
65 Trattoria Favorita
66 Al Vecio Cantier
67 Da Nane
68 Trattoria da Romano
69 Al Gatto Nero
70 Galuppi
71 Antica Trattoria alla Maddalena
72 Al Trono di Attila
73 Osteria al Ponte del Diavolo
74 Trattoria ai Vetrai
75 La Perla ai Bisatei
76 Busa alle Torre
77 Osteria Laguna

*»Alles ist in Fülle vorhanden..., denn von allen Dingen und aus allen Landen von überall auf der Welt wird Eßbares hergeschafft.«*
Marino Sanudo d. J.

# TRATTORIA SEMPIONE

**Ponte dei Bareteri**
**San Marco, 578**

**San Marco/Rialto**

◆

Öffnungszeiten:

11.30–15.00 und 18.30–22.30 Uhr

◆

AMBIENTE

**

KÜCHE

***

WEINE

**

Venezianische Gondolieri können sich nicht irren: Wenn sie ihre Gondeln an einer der zentralsten Stellen der Stadt festmachen und unbeirrt vom touristischen Rummel ein Restaurant ansteuern, dann kann man dort in der Regel gut essen. Doch die kleine Trattoria am Rio dei Barettar, der zum Pflichtprogramm jeder Gondelfahrt gehört,

*Signora Santa, die Seele des Hauses – immer ein Auge für die Wahrung der venezianischen Küchentradition.*

hat noch mehr zu bieten – so man sie findet. Denn ihr Eingang versteckt sich in einem unscheinbaren Durchgang zwischen dem Ponte dei Bareteri und der Kirche San Zulian, dem Herzen der Mercerie. Man darf sich nur nicht blenden lassen von den prunkvollen Schaufensterauslagen dieses Haupteinkaufsviertels von Venedig (zwischen dem einstigen Handelszentrum an der Rialtobrücke und der Machtzentrale am Markusplatz), nicht irritieren lassen von den immer gleichen Glaswaren aus Murano oder dem Fernen Osten, von der neuesten Mode und edlem Schmuck, vom endlosen Fußgängerstau und der babylonischen Sprachverwirrung in den engen Gassen. Hier, wo die Marzaria genannte Hauptgasse den Sprengel von San Salvatore verläßt und in denjenigen

*Gemütlichkeit, wie sie die Gondolieri lieben: keine »schicken« Zubereitungen, dafür beste, solide Hausmannskost.*

um San Zulian übergeht, sitzt es sich angenehm an den laubenartig bewachsenen Fenstern zum Kanal, ist Abstand möglich und zugleich Intimität.
Für die zierliche Signora Santa, die Seele des Hauses, bedeutet Gastronomie Gastfreundschaft: Die Fremden gehören heutzutage eben dazu. Dennoch oder gerade deshalb läßt sich die Signora um keinen Millimeter von ihrem Weg abbringen. Sie will Authentisches, Typisches bieten. Etwa Spezialitäten wie *Zuppa di pesce, Risotto alla pescatora, Spaghetti ai frutti di mare, Taglioline alla granzeola* (wunderbar!), *Seppie alla veneziana, Fegato alla veneziana* oder die unvermeidlichen *Grigliate e friture* (Gegrilltes und Fritiertes). Was immer hier auf den Tisch kommt, wirkt vertraut, bodenständig und solide. Deshalb kommen sie ja auch her, die Gondolieri.
Die Weinkarte ist übrigens nicht sonderlich umfangreich und begnügt sich im großen und ganzen mit dem Üblichen – hier könnte man mehr Akzente setzen. Dafür entschädigt eine gute Grappa-Auswahl. Und mit einem schönen Digestif, einem Espresso und dem Blick auf den Kanal sitzt es sich hier wirklich nett. Wir wissen zwar nicht, ob es für Gondolieri eine Promillegrenze gibt, aber sie schienen unsere Ansicht zu teilen.

# AL TEATRO

**Campo San Fantin**
**San Marco, 1916**

**S.M. del Giglio, San Marco**

◆

Öffnungszeiten: 7.30–24.00 Uhr

Ruhetag: Montag

◆

AMBIENTE

***

KÜCHE

**

WEINE

***

Einer der beliebtesten Treffpunkte der guten Gesellschaft im Schatten der Renaissancekirche des Patrons der Zuckerbäcker, San Fantin. Im Sommer sitzt es sich schön unter schattenspendenden Markisen auf dem kleinen Kirchplatz, auf den einstmals der säulengeschmückte Portico des weltberühmten Teatro La Fenice nach der Abendvorstellung die Gäste auf ein spätes Dinner oder einen letzten Prosecco entließ. Bald soll das wieder so sein, hofft man im Bar-Restaurant »Al Teatro«, dann werden die Gäste nicht länger vom

*Hier lohnt es sich, auch die hinteren Salons anzuschauen, wo es meist etwas ruhiger zugeht.*

Lärm der Wiederaufbauarbeiten an dem einst so prächtigen Opernhaus gestört, das vor ein paar Jahren einem verheerenden Brand zum Opfer fiel.

Aber man ist auch auf weniger berühmte Gäste eingerichtet, die sich hier an der Marmorbar auf eine *ombra* treffen, bevor sie sich im eleganten Ambiente zu Tisch begeben und venezianische Gerichte von guter Qualität bestellen: Seespinne *(Granseola)* vielleicht, danach *Pasta con vongole*, eine Fischplatte je nach Tagesangebot, begleitet von gegrilltem Gemüse oder knackfrischem Salat. Schlichte Gerichte, die durch die Frische der verwendeten Zutaten zum Erlebnis werden.

Die Weinkarte ist ausreichend, allerdings teuer, italienische Tropfen beherrschen das Angebot.

# ANTICO MARTINI

**Campo San Fantin**
**San Marco, 1983**

**S.M. del Giglio, San Marco**

Öffnungszeiten: 12.00–14.30 und 19.00–23.30 Uhr

Ruhetag: Dienstag; Mittwochmittag geschlossen

AMBIENTE
****

KÜCHE
****

WEINE
****

Das »Antico Martini« wurde 1720 als Kaffeehaus gegründet – in der Straße, die bis heute »Calle del Caffetier«, Kaffeegasse, heißt. Nach der Eröffnung des Theaters La Fenice im Jahr 1792 wurde das Lokal bis zum Campo San Fantin erweitert. Seither war und ist es Anziehungspunkt für Opern- und Filmstars: Wagner, Verdi, Strawinsky und Karajan speisten hier ebenso gerne wie in jüngerer Zeit Woody Allen, Harrison Ford oder Jack Nicholson.
Dieses Haus, das 1920 von Antonio Baldi erworben wurde und sich nach wie vor im Familienbesitz befindet, ist alles

*Als große Oper inszeniert ...*

andere als eine schlichte Trattoria. Große Speiseräume, üppig dekoriert: Gold, Silber, venezianisches Glas, Ölgemälde, Antiquitäten ... Man fühlt sich ein wenig wie in einem altehrwürdigen Grandhotel. Trotzdem gehört das »Antico Martini« in diesen Führer: als eine der letzten Bastionen der großen, klassischen venezianischen Küche, der man sich hier besonders verpflichtet fühlt.
Um eines vorweg zu sagen: Dieses Restaurant ist nicht billig, aber preiswert. Ein Pastagericht wie Spaghetti mit Hummer,

als Ouvertüre serviert, kostet zwar 35 000 Lire, wird dafür aber auch wie eine große Oper inszeniert, in qualitativer wie quantitativer Hinsicht – ein Hauptgang ist danach kaum noch zu schaffen.

Auf der Karte jagt eine verlockende Kreation die andere: Räuchergänsebrust mit Rauke, Steinpilze vom Grill, venezianische Fischsuppe, Pappardelle mit Scampi, Safranrisotto mit Speck, Steinbuttfilets, gegrillte Felsentriffgoldbrasse, Seewolf mit Wildfenchelsauce, Entenbrustfilets mit schwarzen Trüffeln ... Selbst Fleischliebhaber kommen hier auf ihre Kosten

*... venezianische Spitzenküche.*

– Lamm, Rind und Kalb in allen Variationen, die die venezianische Küche kennt.

Ein attraktives Angebot stellen die vier Menüs in der Preislage zwischen 72 000 und 126 000 Lire dar. Das günstigste davon, für das wir uns bei unserem Besuch entschieden, bot vier Gänge: San-Daniele-Schinken mit Melone, gefolgt von Ricotta-Gnocchi mit Tomaten und Basilikum, als Hauptgang Kalbskotelett »Martini« mit »Schloßkartoffeln« und als Abschluß hausgemachten Eisbecher mit frischen Früchten.

Die ausgesprochen umfangreiche und gut sortierte Weinkarte ist international ausgerichtet. Allein die Liste der Spumanti und Champagner umfaßt gut drei Dutzend Positionen.
Trotz großer Inszenierung ist der Service mehr als kompetent, fachlich versiert und freundlich – die Herzlichkeit, mit der die Gäste bedient werden, kann man fast schon als familiär bezeichnen. So ist das »Antico Martini« ein idealer Ort, um in Venedig einmal einen ganz großen Abend zu feiern, an dem es ruhig etwas später werden darf. In der zum Haus gehörenden »Piano Bar Martini Scala« kann man notfalls bis zwei Uhr morgens tafeln. Ansonsten regiert hier eher die leichte Muse: mit Live-Musik jeden Abend (außer Dienstag) zu Drinks, die hier etwas günstiger in Rechnung gestellt werden als im Restaurant.
Schnäppchen lassen sich auch in der dem Lokal angegliederten Weinbar »Vino Vino« machen, deren Weinauswahl der des Hauptrestaurants nur im Preis nachsteht; ihre täglich wechselnden Gerichte kommen zwar aus derselben Küche, sind hier jedoch auch für den etwas kleineren Geldbeutel erschwinglich.

# VINO VINO

**Ponte delle Veste**
**San Marco, 2007/A**

**S.M. del Giglio, San Marco**

Öffnungszeiten: 10.30–24.00 Uhr

Ruhetag: Dienstag

AMBIENTE

***

KÜCHE

***

WEINE

****

Im »Vino Vino« ist es den Patrons Emilio und Antonio Baldi, denen auch das benachbarte Spitzenrestaurant »Antico Martini« und der reizvolle Piano-Nightclub »Martini Scala« gehören, gelungen, gänzlich unvereinbar scheinende Gegensätze unter einen Hut – oder besser gesagt unter eine *màschera* – zu bringen: Venedig als heimeliges Dorf, das es für die Einheimischen immer noch ist, den Touristen zu öffnen und diesen gleichzeitig das Gefühl zu vermitteln, selbst in New York, London oder Paris kaum etwas Mondäneres, Zeitgemäßeres finden zu können. Hier drängen sich Jet-set und

*Ein Herz für die Kunst: ständig wechselnde Ausstellungen.*

stille Genießer, kennt die Klientel wirklich keine Klassenschranken.

Dazu gelingt es der Küchencrew des »Antico Martini«, die auch für das »Vino Vino« verantwortlich zeichnet, die Heiterkeit der Atmosphäre auch kulinarisch umzusetzen. Sei es in Form der reichlichen *Cicheti*-Auswahl an dem *banco* oder in der kleinen, aber feinen Speisenkarte. Selten bereitet der »Bistro«-Ableger eines großen Restaurants so viel unverkrampften Spaß wie diese Osteria.

# LA CARAVELLA

**Via XXII Marzo**
**San Marco, 2399**

**San Marco, S.M. del Giglio**

Öffnungszeiten: 12.00–15.00 und 19.00–23.30 Uhr, Oktober bis April

Ruhetag: Mittwoch

AMBIENTE

****

KÜCHE

***

WEINE

***

Von der Kirche San Moisè führt die einzige »Via« (»Straße«) Venedigs Richtung Accademia. Traditionsbewußte Venezianer nennen die breite Gasse allerdings lieber »Calle Larga« und verweisen stolz auf das namengebende Datum: Am 22. März 1848 gelang es der Stadt, sich von der österreichischen Herrschaft zu befreien – wenn auch nur

*Schattiges Refugium im heißen venezianischen Sommer.*

für ein Jahr. Heutzutage ist in dieser Straße nicht Aufstand und Rebellion angesagt, sondern Shopping auf höchstem Niveau. Entsprechend edel ist die Klientel, ob sie nun einen Palazzo in der Innenstadt oder eine Villa am Lido bewohnt oder nur für ein romantisches Wochenende Quartier in den anliegenden Luxushotels »Bauer-Grünwald« oder »Gritti Palace« genommen hat. Man trifft sich gerne auf ein Glas schäumenden Spumante im sommerlich blühenden Innenhof des Restaurants »La Caravella«. Hier entspricht das »Venedig der Phantasie« vielleicht am ehesten allen Klischees: lebendes, erlebbares Theater, perfekt in der Inszenierung, die alle Wunschträume in der »Stadt der Masken« auch auf kulinarischer Ebene erfüllt.

*Hier steht der Küchenchef noch selbst am Herd: Bruno Riondato.*

Küchenchef Bruno Riondato schätzt eine verfeinerte Regionalküche, die er gleichwertig neben den Selbstverständlichkeiten eines derartigen Hauses anbietet: So findet man neben Kaviar oder Gänseleberpastete eben traditionell auch *Sarde in saor* oder drei marinierte Fischsorten als Vorspeise, schmecken *Pasta e fasioi di Goldoni* oder *Bigoli in salsa alla veneziana* fast noch besser als Hummersuppe oder Gazpacho, stehen die Meeresfrüchte der Lagune gleichberechtigt neben Hummer »Thermidor«, ergänzt *Fegato alla veneziana* ein ausgewogenes Angebot an Fleischspeisen.
Der Weinkeller ist gut sortiert, allerdings nicht auf Schnäppchensucher eingerichtet. Edel-Schnäppchen sind allerdings in der önologischen Oberklasse zu finden: Seit über zwanzig Jahren wurden die Preise für die im klimatisierten Keller optimal gelagerten alten Burgunder nicht mehr erhöht. Wem also der Sinn nach den Romanée-Conti-Lagen Echézeaux, La Tache oder Richebourg des Jahrganges 1967 steht: Ab 430 000 Lire ist man dabei.

# CUCINA DA MARIO

**Fondamenta della Malvasia Vecchia**
**San Marco, 2614**

**S.M. del Giglio**

Öffnungszeiten: 9.00–23.00 Uhr

(Essenszeiten 12.00–14.30 und 18.30–21.00 Uhr)

AMBIENTE

*

KÜCHE

**

WEINE

*

Nur zwei Minuten, zwei Ecken und zwei Brücken vom prunkvollen Wassereingang des venezianischen Opernhauses liegt die Trattoria von Annalisa Masiero und ihrer Familie. Von Eleganz, Romantik oder sonstigen Attraktionen keine Spur, dafür sind um so mehr Spaß und Ursprünglichkeit geboten: auf den Tischen Papiertischdecken über buntem Wachstuch, dunkle Holzbalken, farbige Glaslampen.

*Einfach, aber herzlich – und sehr beliebt bei den Einheimischen aus der näheren Umgebung.*

Typisch venezianisch erscheinen wie auf geheime Verabredung alle Gäste nahezu gleichzeitig und nehmen ebenso schnell wie entschlossen ihr Mahl zu sich. Dabei amüsieren sie sich sichtlich blendend – Stimmengewirr füllt den Raum und flutet hinaus auf die kleine Promenade am Rio Corner Zaguri, wo weniger Hungrige am Geländer lehnen und ihre *ombra* genießen. Ein Bild der Muße. Anders im Lokal: Während der zwei Stunden von halb eins bis halb drei »brummt« die Cucina, kommen Mamma Melia, Chefin Annalisa und ihr Mann Antonio keinen Moment zum Verschnaufen. Ein preiswertes und authentisches Vergnügen, abseits der Touristenpfade der Stadt und doch mitten im Geschehen.

# OSTERIA AL BACARETO

**Calle Crosera**
**San Marco, 3447**

**San Samuele**

Öffnungszeiten: 8.00–23.30 Uhr

Ruhetag: Samstagabend, Sonntag

AMBIENTE

***

KÜCHE

**

WEINE:

**

Geräuschvoll rumpelt der Vaporetto der Linie 82 an die Anlegestelle San Samuele. Noch ist es ziemlich früh, doch wird es nicht mehr lange dauern, bis kunstinteressierte Besucher geduldig an der Absperrung vor dem Palazzo Grassi anstehen. Als einer der letzten vor dem Ende der stolzen Seerepublik erbaut, gehört er seit 1984 dem Automobilkonzern Fiat, der sich seine Renovierung und den Umbau in ein Kulturzentrum einiges kosten ließ. Seine hochkarätigen Wechselausstellungen üben einen starken Sog auf die Kunstszene

*Guter Umsatz läßt die Chefs zufrieden strahlen.*

aus, die sich in Form zahlloser Galerien in seiner Umgebung angesiedelt hat und die den Lebensrhythmus des Viertels bestimmt.

Dazu gehört auch der schnelle Espresso am Morgen, den die Galeristen und ihre Kunden am liebsten im »Al Bacareto« bei Emilio de Giulio und seinem Freund und Partner Meme Barbato trinken. Ab 8 Uhr morgens ist die Tür zu der bereits Mitte des letzten Jahrhunderts gegründeten Osteria geöffnet, dann dampfen bereits warme *cicheti* wie fritierte Zucchinispieße, panierte Fleischbällchen mit Reis-, Kartoffel- oder

*Kunstsinnige Osteria in von Kunst geprägter Umgebung.*

Spinatfüllung, eingelegte Sardinen oder Stockfischmus in der Vitrine, ordern die ersten Venezianer ein kleines Glas kühlen Weißen aus dem Veneto oder roten Landwein aus dem im Osten an die venezianische Lagune grenzenden Weinbaugebiet Lison-Pramaggiore.
Um die Mittagszeit empfiehlt sich rechtzeitige Reservierung: Die Küche der Osteria ist vorzüglich und verhältnismäßig preiswert. Emilios Frau Anna Trevisian zeichnet dafür verantwortlich – ihre Interpretationen der venezianischen Klassiker *Bigoli in salsa* (Vollkornspaghetti mit Sardellensauce), *Pasta e fagioli*, *Fegato alla veneziana* oder Tintenfisch in schwarzer Sauce mit Polenta sind gelungene Beispiele für eine auf hochwertigen Grundprodukten basierende, solide Regionalküche, die auch Feinschmeckern mundet.
Hier haben auch die Freunde italienischer Küchenkultur eine Chance, die nicht unbedingt mehrere Fischgänge hintereinander essen möchten: Einer sorgfältig arrangierten und reichhaltig belegten Aufschnittplatte mit Schinken, Coppa und Salami könnten etwa eine dampfende Suppe aus frischem Gemüse und ein Kaninchenbraten in kräuterduftender Sauce folgen. Selbst Dessertmuffel sollten anschließend (so sie noch können, denn die Portionen sind großzügig!) knusprige *Baicoli* aus Burano probieren, die in ein Glas Süßwein gestippt werden – ein echter Genuß.
Der Schwerpunkt der Weinkarte liegt auf bekannten und unbekannten Weingütern der benachbarten Anbaugebiete. Hier sind noch Entdeckungen zu passablen Preisen möglich.

# HOSTERIA DELLE BOTTEGHE

**Calle delle Botteghe**
**San Marco, 3454/A**

**San Samuele, San Angelo**

◆

Öffnungszeiten: 7.00–22.00 Uhr

im Winter samstags geschlossen

◆

AMBIENTE

*

KÜCHE

***

**

WEINE

**

Eine kleine, schlichte Osteria unweit des Palazzo Grassi, familiär, mit freundlichem Service. Die Einrichtung ist einfach, auf das Wesentliche konzentriert, ohne ungemütlich zu wirken. An kleinen Tischchen mit Papiersets auf poliertem Holz werden schon ab 7 Uhr morgens Krüge voll Landwein serviert oder dampfende Kaffeetassen. Immerhin die Hälfte der Gäste sind Einheimische.

Mittags und abends wandelt sich die Osteria zur respektablen Trattoria mit einem täglich wechselnden Speisenangebot. Als *primi* sind dann neben Klassikern wie Lasagne oder *Spaghetti al ragù* auch *Sedani in salsa vellutata* (Röhrennudeln mit Samtsauce) oder die Spezialität des Hauses, *Spaghetti pescatora* mit fangfrischen Muscheln und Krustentieren, auf der Speisenkarte zu finden. Bei den Hauptgängen serviert Koch Carmelo Cambareri neben den ortsüblichen Fischgerichten auch köstliches Fleisch.

*Tramezzini und Panini, mit die leckersten der Stadt.*

Dazu schmeckt der weiße Lison-Pramaggiore des am Lagunenrand gelegenen Weingutes Santa Margherita der Grafen Marzotto, von Weinpapst Hugh Johnson als »Italiens unbestrittene Führer beim Pinot Grigio« geschätzt. Den Traubenbrand des gleichen Weingutes empfehlen wir zum Espresso nach einem wirklich preiswerten Essen.

# TRATTORIA DA FIORE

**Calle delle Botteghe**
**San Marco, 3461**

**San Samuele**

Öffnungszeiten: 12.00–15.00 und 19.00–22.00 Uhr

Ruhetag: Mittwoch

AMBIENTE

***

KÜCHE

***

***

WEINE

***

Im Mittelalter war die schmale Calle delle Botteghe einer der wichtigsten Verkehrswege Venedigs. Die »Straße der Kaufläden« verband den großzügigen Campo San Stefano, durch zwei Klöster und die 1294 begonnene Stefanskirche mit ihrem sehenswerten Kreuzgang dominiert, mit dem Gassengewirr, das zu den Hintereingängen der pracht-

*Beliebt und belebt: frühzeitig kommen!*

vollen Palazzi am Knie des Canal Grande führt. Lord Byron durcheilte es, erwarb auf die schnelle Blumen für seine neueste Angebetete oder frisch geschöpftes Papier, um seine nächste Ode zu schreiben, von hier ließ sich der spätere Doge Cristoforo Moro ein Präsent für seine erste Frau Desdemona liefern, deren Schicksal Shakespeare zum Othello, dem »Mohren von Venedig«, inspirierte.
Heute finden sich hier eher Geschäfte und Läden für den Alltagsbedarf – angesichts der andernorts stetig ansteigenden Flut an Masken- und Glasboutiquen eine willkommene Gelegenheit für den Flaneur, das normale Leben der Museumsstadt zu erleben. Am schönsten kann er das auf einem Hocker am großflächigen, im Sommer zur Gasse hin offenen Fenster der kleinen Bar. Regelmäßig beugen sich vorbeikommende Venezianer ins Innere, rufen Grüße oder einen kurzen Scherz hinüber zu den Stammgästen, die Backgam-

*Hier bleiben kaum kulinarische Wünsche offen.*

mon spielen oder den Leitartikel des »Gazzettino«, ihrer Lokalzeitung, diskutieren. In den Gläsern funkelt orangefarben und moussierend ein »Spritz«, Venedigs Lieblingsgetränk: Weinschorle mit einem Schuß Campari.
Gelegentlich schlendert einer zur Theke, hinter der die adrette Giulia regiert. Mit einer routinierten Handbewegung dreht sie eine Tüte aus Papier, in die sie schnell frisch ausgebackenen *Fritto misto* füllt – knackige Calamari, Muscheln, kleine Fischchen, Fischfiletstücke im Ausbackteig ... einfach köstlich! Ebenso lecker und höchst appetitanregend duften warme Fleischbällchen mit Kräuteraroma, *seppioline* vom Grill, *Bacalà fritto* (fritierter Stockfisch) oder Kartoffelspieße mit Rosmarin. Daneben in der Vitrine: ein Streifzug durch die *Cicheti*-Tradition der Lagunenstadt. *Nervetti*, marinierte *seppie*, gefüllte Tomaten, Milzsalat ...
Wir beschließen zu bleiben, gehen hinüber in einen der beiden angrenzenden Restauranträume und bekommen große Augen. Das reichhaltige Vorspeisenbuffet und die umfangreiche Fischvitrine mit Jakobsmuscheln, *gamberetti*, Rotbarben, Aal, Thunfisch, Schwertfisch, Dorade und Seehecht lassen keine Wünsche offen. Oder doch? Die schwarze Tafel mit den Tagesspezialitäten verzeichnet Radicchio-Auflauf, Pennette mit *ganasette* (Fischbäckchen), Gemüsesuppe, *Folpetti in umido* (Moschuskraken im eigenen Saft) sowie Kapaun nach Jägerart. In diesem Moment wird letzterer in einer großen Reine zum Rechaud getragen: goldgelb und knusprig gebraten, die Sauce reichlich mit Champignons und Speck aromatisiert. Unser Entschluß ist gefaßt: Wir bleiben. Und kommen wieder. Nächstes Jahr in Venedig ...

# VINI DA ARTURO

**Calle degli Assassini**
**San Marco, 3656**

**San Angelo**

◆

Öffnungszeiten: 12.00–14.30 und 19.00–22.30 Uhr

Ruhetag: Sonntag; Reservierung erforderlich

◆

AMBIENTE
**

KÜCHE
***

WEINE
***

Der Tip einer seit langem in Venedig lebenden Freundin klang vielversprechend: eine typische Trattoria ohne Fisch? Salat mit hausgemachtem Dressing in mehreren Varianten? Wir bestellen telefonisch einen Tisch und werden dabei freundlich, aber bestimmt darauf hingewiesen, daß die Reservierung nach 30 Minuten verfalle und nur Bargeld akzeptiert werde. Wir bemühen uns um Pünktlichkeit (gar nicht so einfach in einer Stadt, deren »Omnibusse« Schiffe sind) und schaffen es innerhalb des »akademischen Viertelstündchens« bis zum Rio Terrà degli Assassini. Doch die gesuchte Hausnummer will einfach nicht auftauchen. Wir folgen der Gasse ... Plötzlich steigen uns delikate Düfte in die Nase. Wir folgen ihnen, gelangen vor eine unscheinbare

*Wer suchet, der findet.*

Ladentür, wie es scheint. Doch darüber auf die Wand gemalt: Hausnummer 3656. Geschafft!

Beim Eintreten verstehen wir die Strenge von »Arturo« Ernesto Ballarin, denn das winzige Lokal verfügt nur über etwa 20 Plätze rechts und links eines kleinen Ganges: Wohnzimmeratmosphäre. Wir genießen knackige Vorspeisensalate, hauchzarte Filetstreifen auf Rucolasalat, eine Flasche Barolo Riserva. Weniger allerdings die Rechnung: Die ist selbst für die statistisch gesehen teuerste Stadt Italiens gesalzen ...

# OSTERIA AGLI ASSASSINI

**Rio Terrà degli Assassini**
**San Marco, 3695**

**San Angelo**

◆

Öffnungszeiten: 11.30–15.00 und 18.45–23.30 Uhr

Ruhetag: Sonntag; Samstagmittag geschlossen

◆

AMBIENTE

***

KÜCHE

***

WEINE

***

Liebhaber von Schauerromanen werden es sich abends sicher zweimal überlegen, ob sie sich in die »Osteria agli Assassini«, ins »Gasthaus zu den Mördern« wagen, doch sie würden einiges verpassen. Die schmucke Gegend zwischen Campo San Angelo und Campo Manin ist schon lange nicht

*Viel Liebe zum Detail im Ambiente.*

mehr anrüchig, denn Halsabschneider und Wegelagerer haben längst das Weite gesucht.

An die Geschichte der »Mördergasse« erinnert nur noch die gute Beleuchtung: seinerzeit die erste in Venedig. Hier hatte es einstmals einen Bischof nicht mehr in seinem Palazzo gehalten, Hochwürden ging ins Rotlichtviertel, um zu missionieren, und lief dort seinen Mördern in die Hände. Auf Ersuchen der Kirche ließ die Stadtverwaltung daraufhin zunächst die Gasse beleuchten und schließlich das ganze Viertel säubern. Geblieben sind aus dieser Zeit nur die pittoresken Häuser, von denen sich viele noch heute im Besitz der Familie Marcello befinden, die ihre Abstammung bis in römische Zeiten zurückverfolgen kann. Verdienste um die Seerepublik erwarb sich die Familie nicht nur durch zwei Dogen und die beiden bekannten Komponisten Alessandro und Benedetto Marcello, sondern auch durch ihren Geschäftssinn, der dieser Ecke der Stadt immer wieder Leben einhauchte.

*Der ehemals bestbeleuchtete Weg Venedigs, die »Mördergasse«.*

1893 richtete sie im Haus Nummer 3695 eine Osteria ein, die bis 1986 als reine Weinkneipe das klassische Osterienkonzept Venedigs verkörperte. Seit seiner Verpachtung an Giuseppe Galardi wird in dem gemütlich-unprätentiösen Lokal zudem gut gekocht, in konsequent venezianischer Tradition. »Giusy«, der fröhliche Wirt (s. S. 57), und seine Mitstreiter Formasiero »Baby« Barbara in der Küche sowie Boscole »Boccolo« Amorea orientieren sich dabei an jahrhundertealten Bürger- und Patriziertraditionen. Ihre Karte wechselt täglich, folgt dabei jedoch einem schlüssigen Wochenkonzept. Montags wird Suppe und weißes Fleisch serviert, dienstags Braten oder Gulasch, mittwochs Bohnen und Innereien vom Schwein. Donnerstags, wenn Stockfisch auf der Karte steht – ein Genuß, an dem kein Venezianer vorübergehen kann –, kommen noch mehr Gäste als sonst. Dafür wird mit reichlich Olivenöl zur weißen Creme aufgeschlagener Stockfisch, durch Kräuter und Gewürze verschieden abgewandelt, mit vom Chef eigenhändig gerührter Polenta angerichtet. Freitags (natürlich!) ein Fest für Fisch-, Muschel- und Krustentierfans.
Eine klare kulinarische Grundausrichtung, die in ihrer individuellen Ausprägung allerdings für vielfältige Einflüsse offensteht und der in Venedig nahezu unverzichtbaren Tradition eine moderne Regionalküche als Alternative entgegensetzt, auch internationale Trends berücksichtigt und handwerklich ordentlich präsentiert wird. Dies alles zu humanen Preisen, was auch für die Weinkarte gilt, in der Rebsäfte einer großen Anzahl führender italienischer Erzeuger verzeichnet sind.

# AL VOLTO

**Calle Cavalli**
**San Marco, 4081**

**Rialto**

◆

Öffnungszeiten: 10.00–14.30 und 17.00–22.30 Uhr

Ruhetag: Sonntag

◆

AMBIENTE

**

KÜCHE

***

WEINE

****

Ein Gewölbekeller, der sich durch zwei benachbarte Gebäude zieht, gab dieser Osteria ihren passenden Namen: Zahlreiche rare Weine warten in der rustikalen Weinbar auf ihre Entdeckung durch begeisterte Liebhaber, für Andrea Benetazzo und Sebastiano Mugnaini das Schönste an ihrem Beruf. Die beiden gelernten Gastronomen

*Vielfältiger Genuß: Ombre am Tresen.*

waren sich sofort einig, als Giancarlo Carbon ihnen die 1936 von seinem Vater Gigi gegründete Osteria zur Übernahme anbot. Der legendäre Sommelier hatte das »Al Volto« zu einer der berühmtesten Enotecas der Welt gemacht, indem er mit Leidenschaft, ständig auf der Suche nach neuen Spitzenweinen, die Welt bereiste und durch seinen Erfolg den Respekt der gesamten Weinwelt errang. Die »New York Times« pries das »Al Volto« ebenso wie die bedeutende Weinzeitschrift »The Wine Spectator«; auch Luigi Veronelli, der italienische Weinpapst, gratulierte.

Für Andrea (zuvor Barchef im »Caffè Florian« und im Luxushotel »Bauer-Grünwald«) und seinen Freund Sebastiano (unter Giuseppe Cipriani F&B-Manager in dessen Hotel auf der Insel Giudecca) eine Gelegenheit, auf die sie lange gewartet hatten. Im holzgetäfelten Ambiente mit lässig-legerer Atmosphäre genießen die beiden den täglichen Kontakt

*Eine der interessantesten Adressen für Weinliebhaber.*

zu ihren Kunden. Besonders die stilleren Mittagsstunden werden für Gäste wie Gastgeber zum Genuß: Dann läßt es sich herrlich fachsimpeln und Weine verkosten. Jede Flasche der durchweg renommierten Erzeuger wird auf Wunsch geöffnet und glasweise ausgeschenkt, nur die älteren, besonders edlen Weine warten auf eine größere Gruppe, die gemeinsam probiert. Dann wird auf Vorbestellung beispielsweise die lückenlose Biondi-Santi-Sammlung seit 1945 zur Verkostung freigegeben und der Gaumenkitzel perfekt zelebriert. Doch auch wer sich »nur« über die aktuelle Situation auf dem italienischen Erzeugermarkt orientieren will, findet einen guten, überlegt zusammengestellten Querschnitt durch das heimische Weinangebot.
Besonders gut bestückt sind die beiden mit den Weinen aus dem Friaul und Venetien, denn »Venedig liebt die Weine seiner Terraferma, warum sollten wir da eine Ausnahme sein?« Daneben liebt die Lagunenstadt natürlich die althergebrachten kulinarischen Traditionen und Sebastiano besonders die Zubereitung von *cicheti*: *Sarde in saor*, Artischocken, *Nervetti*, eingelegte Tomaten und rosmarinduftende Fleischbällchen bilden die richtige Unterlage, um hier über Mittag angenehme Bekanntschaft mit Italiens besten Weinen zu machen. Wer dagegen am Abend kommt, hat beste Chancen, die weintrinkende gute Gesellschaft Venedigs in fröhlicher Runde kennenzulernen, an kerzenbeschienenen Tischchen oder bei einer improvisierten Stehparty in der sonst so stillen Calle zwischen Canal Grande und Campo Manin.

# LEON BIANCO

**Salizzada San Luca**
**San Marco, 4153**

**Rialto**

Öffnungszeiten: 8.00–20.00 Uhr

Ruhetag: Sonntag

AMBIENTE
**

KÜCHE
**

WEINE
*

Der modernistische Bau der Cassa di Risparmio ist vielen Venezianern als Sündenfall der zeitgenössischen Architektur ein Dorn im Auge: ein grau-blau schimmernder Klotz aus Beton und Glas, der mit dem Campo eines der Herzstücke des alten Venedigs beherrscht. Wie sich die Anforderungen der modernen Zeit wesentlich besser, ja nahezu perfekt mit alten Traditionen verbinden lassen, beweist dagegen Luigia Argentin in ihrer kleinen Osteria »Leon Bianco«, die an der Seite des Sparkassengebäudes in der vielbegangenen Salizzada San Luca liegt.

Für Touristen ist es häufig befremdend, daß Venezianer in ihrer Rastlosigkeit Stehimbisse lieben, dort schnell in der Mittagspause ein Tellergericht Pasta oder ein belegtes Sand-

*Ein Hauch »Pub«-Atmosphäre.*

wich verzehren. So funktioniert es auch im »Weißen Löwen«, allerdings in angenehmer Atmosphäre. Das Ambiente ist schlicht, aber gediegen: holzvertäfelte Wände, poliertes Messing, sanftes Licht von Kandelabern, die große Bar einladend mit Vitrine. Die kleine Osteria in zentraler Lage ist fest in Frauenhand, Luigia und Tochter Anna sorgen für freundlich-flinken Service und eine Küche, in der so gut wie alles hausgemacht wird und die täglich auf das Angebot des Rialtomarktes reagiert: eine echte *cucina casalinga* eben.

# OSTERIA A LA CAMPANA

**Calle dei Fabbri**
**San Marco, 4720**

**Rialto, San Marco**

◆

Öffnungszeiten: 11.00–15.00 und 19.00–22.00 Uhr

Ruhetag: Sonntag

◆

AMBIENTE

**

KÜCHE

**

WEINE

**

# Osteria a la Campana

Die Calle dei Fabbri ist sicherlich eine der bekanntesten Gassen in Venedig; sie führt als eine der touristischen Hauptschlagadern direkt vom Markusplatz quer durch das Einkaufsviertel der Mercerie zur Vaporetto-Station Rialto am Canal Grande. Hier befand sich im Mittelalter der Sitz der Schmiedegilde, die nicht nur für die Waffen der Seerepublik, sondern auch für die Herstellung des Geldes verantwortlich zeichnete: eine Gilde mit Gewicht …

Zur Gilde der Schmiede wurden auch die Glockengießer und Glöckner Venedigs gezählt. Einer von ihnen lebte im 15. Jahrhundert im Haus Nummer 4720. Zum Zeichen seiner Profession zierte eine kleine, handgeschmiedete Glocke den Eingang seines Ladens, eine eiserne Zeitzeugin, die den Gästen der seit 1950 im Glockengießerhaus befindlichen

*Ein angenehmer Ruhepol an einer der Touristenmeilen Venedigs.*

Osteria viel erzählen könnte, wie Massimo Zoia und Luciano Lazzari meinen, die seit 1996 erfolgreich die kleine Weinstube betreiben. Ihre Karte ist regionaltypisch und appetitanregend: *Sarde in saor* als Antipasto, *Tagliatelle con gamberetti* als *primo*, *Bacalà con polenta* als *secondo*.

Die kleine Weinauswahl und ein kleines Häppchenangebot machen diese Osteria zu einem der wenigen empfehlenswerten Orte mitten auf der Touristenmeile von Venedig.

# AL GRASPO DE UA

**Calle dei Bombaseri**
**San Marco, 5094**

**Rialto**

◆

Öffnungszeiten: 12.30–15.00 und 18.30–22.00 Uhr

Ruhetag: Montag

◆

AMBIENTE
**

KÜCHE
***

WEINE
***

Man darf nicht allzu schreckhaft sein, wenn man die Anfahrt mit dem Vaporetto wählt: Der schnellste Weg zu den kulinarischen Genüssen in einem der Restaurantklassiker von Venedig führt durch eine schmale, finstere Gasse, die angesichts des Trubels an der Rialtobrücke förmlich ins Nichts zu lotsen scheint. Wenn Sie dieses Gefühl vermeiden möchten, biegen Sie, vom Campo San Bartolomeo kommend, vor der sanft nach oben auf die Brücke führenden Salizzada Pio X links ab, und folgen Sie dem als Mosaik in den

*Modernes Lokal mit langer Tradition.*

Boden eingelassenen Pfeil zum Graspo de Ua. Auch hier zunächst Düsternis. Wer sich jedoch hineinwagt, steht schnell an einer kleinen Kreuzung, die sanft von einer als Traube gestalteten Lampe beleuchtet wird.

Direkt darunter eine verlockende Tür. Die daneben angebrachte Karte verspricht venezianische Küche vom Feinsten: Austern, Hummer, Fisch in allen Variationen. Aber auch die in zarte Blätter geschnittene, nur kurz sautierte Kalbsleber in Zwiebel-Weißweinsauce, die alle Welt als *Fegato alla veneziana* kennt, die aber nur hier in ihrer Heimat diesen zarten

Schmelz entwickelt, der sie zusammen mit der traditionellen Polenta auf der Zunge zergehen läßt. Für den Hausherren Franco Mori ein unverzichtbarer Bestandteil seiner Karte, eine höchst aktuelle Erinnerung an die lange Tradition seines Restaurants, das seit Ende des 18. Jahrhunderts besteht. Zunächst als schlichte Osteria, deren Wirtin Giovanna vor allem für ihre Backkünste gerühmt wurde. Zahlreiche Wirte folgten der in ganz Venedig berühmten Dame, bis der Weinhändler und Gastronom Vittorio Mora 1919 das immer wie-

*Eine Vorspeisenvitrine, die die Augen zum Leuchten bringt: Aushängeschild jeder Trattoria.*

der im Zentrum historischen Geschehens stehende Haus übernahm.

Vittorios Osteria »Al Peoceto« im Hafengebiet hatte vor Jahren einen hervorragenden Ruf als Musterbeispiel für preiswerte Leistung: Für nur eine Lira erhielt damals der Gast einen Viertelliter Wein, einen Risotto, ein Fleisch- oder Fischgericht mit Kartoffeln oder Bohnengemüse, Brot oder Polenta sowie eine Zigarre. Ein Erfolgsgeheimnis, das er auf sein neues Lokal »Graspo de Ua« übertrug, das er bald darauf renovierte und vergrößerte. Der begeisterte Koch folgte dabei urvenezianischen Prinzipien: Neben erstklassigen Produkten benötigte er nur »*ogio e aseo, pevare e sal, agio e cevole*« – Olivenöl und Essig, Pfeffer und Salz, Knoblauch und Zwiebeln –, ein Konzept, dem Vittorios Nachkommen heute noch folgen.

Blickfang im rustikal-eleganten Restaurant sind die großen Vitrinen, die das Frischeste an Produkten präsentieren, was der nur wenige hundert Meter entfernte Rialtomarkt jeden Tag zu bieten hat. Konsequenterweise ist Montag Ruhetag in Fischmarkt wie Restaurant: »Wenn es keinen frischen Fisch gibt, können wir keine Gäste empfangen«, bringt es Franco Mora auf eine logische Formel. Wer den Empfehlungen der Tageskarte folgt, geht kein Risiko ein: Hier ist Venedig in all seinen kulinarischen Facetten rein und unverfälscht zu erschmecken.

# ANTICO CALICE

**Calle degli Stagneri/Calle del Calice**
**San Marco, 5228**

**Rialto**

◆

Öffnungszeiten: 12.00–15.00 und 19.00–22.30 Uhr

Ruhetag: Montag; Sonntagabend geschlossen

◆

AMBIENTE
****

KÜCHE
***

WEINE
**

Keine hundert Meter vom »Graspo de Ua« entfernt findet man einen weiteren Restaurant-»Klassiker« Venedigs: die Trattoria »Antico Calice« – »Zum Alten Kelch«. 1537 überschrieb Zuan Venier sein in der Calle degli Stagneri gelegenes Anwesen mit Werkstatt dem »*marcer al calese*« (Kelchmacher) Jacopo. Dieser bestellte sogleich ein kunstvolles Ladenschild, das einen gläsernen Kelch zeigte und so bekannt wurde, daß die angrenzende Gasse die Bezeichnung »Calle del Calice« erhielt. Ein Kelch als Vorbote künftiger Genüsse!

*Eine Osteria mit Atmosphäre . . .*

Mitte des vergangenen Jahrhunderts wurde das Haus in eine Osteria umgewidmet, die nach einem Bericht aus dem Jahre 1902 damals die bekannteste in Venedig und sogar in der ganzen Region Venetien war. Die Wirte, die Brüder Giulio, Alberto und Albano Bolla, die aus Soave stammten, brachten eine Vorliebe für die Weine ihrer Heimat mit nach Venedig: für den spritzigen weißen Soave, den milden roten Valpolicella und den süßen Torbolino. Von den Winzerhöfen ihrer lange zu Österreich gehörenden Heimat hatten sie die

Tradition des »Heurigen«-Buffets mit Schinken, Salami aus Verona, Kalbsaufschnitt und eingelegten Sardellen mitgebracht, die in der Lagunenstadt bald Furore machte. Eine frühe Form der Erlebnisgastronomie für die an gegrillten Fisch gewöhnten Venezianer. Angeblich erfanden die Bollas auch den »Spritz«, eine in Österreich »Spritzer« genannte Weinschorle, der ein guter Schuß Campari eine sanfte Bitterkeit und ein munteres orangefarbenes Funkeln verleiht.
Im »Calice« trafen sich um die Jahrhundertwende und noch lange danach die Redakteure des aufstrebenden Lokalblattes

*... und ausgezeichneter Küche.*

»Gazzettino«, die Händler vom Rialto, städtische Beamte und Unternehmer, aber auch Gelehrte und Vertreter der darstellenden und bildenden Künste. Und jedes Jahr, wenn Kaiser Wilhelm II. in Venedig eintraf, um sich auf seiner Yacht »Hohenzollern« in die Sommerfrische einzuschiffen, wimmelte das Lokal von deutschen Uniformen. Die goldenen zwanziger Jahren brachten Romantiker nach Venedig und ins »Calice«, das längst zu einem veritablen Restaurant avanciert war. Ihnen folgten internationale Berühmtheiten,

Künstler, die ihm auch heute noch Glanz verleihen. Dabei ist Inhaber Luigino Biasiato besonders stolz darauf, gerade kein »Prominentenlokal« zu führen. Ihm sei jeder Gast lieb, der sich hier wohlfühlen möchte und frischen Fisch schätzt, der mittlerweile die Spezialität des Hauses darstellt.
Fasziniert beobachten wir das Küchenpersonal bei der Arbeit: Die vor der offenen Küche angeordneten Tische bieten einen höchst appetitanregenden Blick auf blitzblank poliertes Edelstahl, glänzendes Kupfer und offenes Feuer, ein Ambiente, das die weißbemützten Köche effektvoll als Bühne zu nutzen wissen. Wer es etwas ruhiger und edler liebt, reserviert seinen Platz im zirbelholzvertäfelten Hauptraum oder aber im eleganten Saal unter Kristallkandelabern im Obergeschoß.
Auf jeden Fall lohnt sich der Blick in die Karte, die durch aktuelle Tagesangebote ergänzt wird. Wir probierten einen fein abgeschmeckten lauwarmen Salat von Steinpilzen, gefolgt von einem cremigen, reichlich bestückten Risotto mit Meeresfrüchten, anschließend eine Dorade in Trüffelcreme. Ausnahmslos empfehlenswert! Aber auch die klassische venezianische Küche ist vertreten: Hausgemachte *Sopressa* mit Polenta, *Sarde in saor*, *Tagliolini chioggiota*, *Fegato alla veneziana* oder auch das große *Fritto misto* werden immer sorgfältig zubereitet. Auch die Weinkarte läßt nur wenige Wünsche offen.

# OSTERIA ALLA BOTTE

**Calle della Bissa**
**San Marco, 5482**

**Rialto**

◆

Öffnungszeiten: 9.00–15.30 und 16.30–23.00 Uhr

Ruhetag: Donnerstag

◆

AMBIENTE

***

KÜCHE

**

WEINE

***

In einer versteckten, etwas anrüchig wirkenden Gasse mit düsteren Hauseingängen fühlen wir uns in eine andere Zeit zurückversetzt. Mittelalterlich wirkt es hier, still und abenteuerlich. Aus einer offenen Tür dringt Musik.
Die seit der Jahrhundertwende bestehende »Osteria alla Botte« bemüht sich erfolgreich, die alte Kultur solcher Weinstuben in Venedig zu erhalten. Die Auswahl an offenen Weinen aus dem Veneto und dem Friaul ist beeindruckend und dennoch bezahlbar. *Cicheti* gehören untrennbar dazu. In einem großen Topf wartet Stockfischmus auf Freunde dieser Delikatesse.
Enorm belebt ist der Hauptraum. Die Stimmung ist gut, die Musik laut, die Stimmen gleichfalls. Etwas stiller der kleine Nebenraum. Typisches auch hier: blanke Holztische mit braunen Papiersets, auf denen rote Servietten leuchten.

*Eine Schenke wie vor hundert Jahren.*

Gondolieri beim Lunch. Eine junge Familie mit Großvater. Nur wenige Touristen, hier treffen sich eher Einheimische zu einem schnellen Mahl. Das Angebot wechselt täglich, wird nur auf einer schwarzen Tafel angeschrieben: zu unserer Freude auch geschmortes Kaninchen, Kutteln und Gulasch. Dazu eine Flasche Wein von der kleinen, aber sorgfältig ausgesuchten Karte.

# HOSTARIA AI RUSTEGHI

**Calle della Bissa**
**San Marco, 5529**

**Rialto**

Öffnungszeiten: 9.00–20.30 Uhr

Ruhetag: Sonntag

AMBIENTE

*

KÜCHE

***

WEINE

**

Wer wenig Erfahrung hat mit italienischen Lokalen, wird vermutlich beim ersten Mal an der kleinen »Hostaria ai Rusteghi« vorbeigehen. Blütenweiße, fein bestickte Vorhänge in großflächigen Schaufenstern verhüllen den Blick ins Innere, ein grüner Perlenvorhang wirkt seltsam fremd und abweisend auf den flüchtigen Betrachter. Wer hindurchgeht, fühlt sich allerdings gleich wohl. Fröhliche Menschen bevölkern die winzige Gaststube.

Entlang den beiden Seitenwänden verlaufen Marmorsimse, vor denen hölzerne Barhocker zu einer kurzen Verschnaufpause einladen – als einzige Sitzmöglichkeit. Die gesamte Längsseite nimmt eine lange Bar ein. Unter dem gläsernen Tresen ist wie in einer langen Vitrine die Spezialität dieser

*Für uns die erste Snack-Adresse!*

kleinen Pinte dekorativ ausgestellt: *ciabattini* genannte belegte Brötchen. Der Belag läßt keinerlei Wünsche offen: täglich 15 verschiedene Varianten. Spargel mit Ei, *gamberi* mit Rucola, pikante Salami, Mortadella und Peperoni, Caprino-Käse und Zucchini, Scampi mit Steinpilzcreme, Roastbeef, Bresaola, Porchetta, Brie, Finocchiona (toskanische Fenchelwurst), Zunge …

Die dazu ausgeschenkten *ombre* stammen aus Weingütern des Veneto und des friulanischen Collio.

# VINI DA PINTO

**Campo delle Beccarie**
**San Polo, 367**

**Rialto**

◆

Öffnungszeiten: 7.30–19.00 Uhr

Ruhetag: Montag

◆

AMBIENTE

*

KÜCHE

*

WEINE

**

Direkt gegenüber der Pescheria, der großen Fischhalle, liegt der kleine Campo delle Beccarie, beliebter Treffpunkt von Touristen und Einheimischen. Eine kleine Bar, ein touristisch orientiertes Ristorante und die seit 1890 existierende Osteria »Vini da Pinto« teilen sich die geringe Stellfläche für die Bestuhlung ihrer Sommerterrassen.
Im Innern klein und verwinkelt, ähnelt sie vielen anderen venezianischen Osterien. An der winzigen Bar warten ansprechend dekorierte *cicheti* auf naschhafte Weintrinker, die es bei gutem Wetter vorziehen, mit ihren Gläsern auf den Campo auszuweichen und dort eine improvisierte Stehparty zu feiern. Ein fröhlicher Anblick – allerdings eher für Einheimische gedacht. Von Fremden erwartet der aus Apulien

*Hier sind Touristen gern gesehen.*

stammende Wirt Giovanni Locotorondo mehr: Seine touristische 1A-Lage soll sich auch bezahlt machen. Wer also das weithin gerühmte Stockfischmus, die zahlreichen Wurst- und Schinkenvarianten des Veneto oder die leckeren *Folpetti*-Krabben mit einem Glas Merlot del Collio oder Tocai in freundlicher Atmosphäre genießen möchte, macht es besser wie die Venezianer, läßt sich auf den Stufen der über den Beccarie-Kanal führenden Brücke nieder und beobachtet von dort aus das muntere Treiben auf dem hübschen Platz.

# CANTINA DO MORI

**Calle dei Do Mori**
**San Polo, 429**

**San Silvestro, Rialto**

◆

Öffnungszeiten: 8.30–13.30 und 17.00–20.00 Uhr

Ruhetag: Sonntag; Mittwochabend geschlossen

◆

AMBIENTE
****

KÜCHE
***

WEINE
****

Die Gegend hinter den Markthallen und -ständen des Rialto ist die Keimzelle der venezianischen Gastronomie. Zahllose kleine Weinbars und Osterien verstecken sich in den schmalen Gassen und bieten den geschäftigen Händlern und ihren Kunden schon in den frühen Morgenstunden Speis' und Trank. Zu ihnen gesellt sich die gute Gesell-

*Das »Do Mori«, ein Muß bei jedem Venedig-Besuch.*

schaft, wo immer das Ambiente stimmt. Etwa im »Do Mori« ... 1462 als Weinlager und -handlung gegründet, hat die Osteria auch der Gasse den Namen gegeben. Hier stehen im Sommer die fröhlichen Zecher manchmal dicht an dicht und lassen gerade noch genug Platz für neue Gäste, die sich ein Gläschen von drinnen holen wollen oder gar in der kleinen Gaststube noch eine freie Ecke entdecken.

Hinein gelangt man von der Calle dei Do Mori her oder aber von der Gasse hinter dem Lokal. Zwischen beiden Eingängen erstreckt sich, von Wand zu Wand, der *banco* (venezianisch für »Theke«). Indem sie den ohnehin schmalen, langgestreckten Raum der Länge nach durchschneidet, ermöglicht sie, daß sich ein Maximum an Gästen gleichzeitig bedient, die manchmal in Zweier- oder Dreierreihen davor stehen. Hier geht zwar alles »ruck, zuck«, aber dennoch ohne jede Hektik. Man wird prompt und schnell bedient, ohne daß

*Die Qual der Wahl: leckere Cicheti aller Art …*

etwas von der Atmosphäre der jahrhundertealten »Cantina« verlorengeht: Wenn man aus der grellen Sonne hereinkommt, hat das schummrige Halbdunkel etwas Gemütliches, Anheimelndes, ja Beruhigendes, bei allem geschäftigen Treiben. Hier macht es Spaß, das ständige Kommen und Gehen, die bunte Mischung von alteingesessenen Venezianern und Touristen zu beobachten. Zeit für ein Späßchen bleibt dem Team hinter der Theke immer, und wenn ein Japaner mit den Chefs Giovanni und Rudi fotografiert werden möchte ... bitte schön!

Giovanni ist für die Küche zuständig und zaubert mit die besten *cicheti* und *tramezzini*, die man in Venedig finden kann: etwa *Folpetti di carne*, marinierte *Coppa di toro*, *Polpa di pesce* oder *crostini* mit hausgemachten *salse* ..., um nur ein paar Beispiele all der Leckereien zu nennen, die man hier zum Wein genießen kann.

Die Auswahl an offenen Weinen ist mehr als nur bemerkenswert, sie sprengt jeden Rahmen: Angeboten werden grundsätzlich nur Flaschenweine, der Gast bestimmt Rebsorte und Herkunftsregion, hinsichtlich des Erzeugers läßt man sich überraschen. Für Weinkenner stehen die Tagesangebote auf einer schwarzen Tafel: bei unserem letzten Besuch etwa Sassicaia '94, Tignanello '94, Barbaresco '93 von Gaja, ein Amarone di Valpolicella '93 von Fratelli Bolla. Der Prosecco naturale ist ebenso wie sein moussierender Bruder ein Cartizze aus Valdobbiádene ...

Das »Do Mori« ist ein Muß für all jene, die auf ihren Streifzügen durch die Lagunenstadt einmal für ein halbes Stündchen Rast machen und sich dabei ins Herz Venedigs und wie in eine andere Zeit versetzt fühlen möchten.

# TRATTORIA ALLA MADONNA

**Calle della Madonna/Calle dei Cinque**
**San Polo, 594**

**San Silvestro, Rialto**

◆

Öffnungszeiten: 12.00–15.00 und 19.00–22.30 Uhr

Ruhetag: Mittwoch

◆

AMBIENTE

**

KÜCHE

***

WEINE

**

Die Wiege Venedigs stand an der Rialtobrücke. Noch heute erinnert der Name *Rialto* an den »*rivus altus*«, den »tiefen Strom«, einen Mündungsarm des Flusses Brenta durch die Lagune. Die starke Strömung machte die zahlreichen Inselchen entlang ihres Verlaufes für die frühen Siedler interessant, die auf der Flucht vor den Hunnen hier angeb-

*Hier speisten schon gekrönte Häupter.*

lich genau am 25. März 421 ihre Stadt gründeten. Rasche Wasserbewegungen sorgten für Fischreichtum und verhinderten das Auftreten der gefürchteten Krankheitsüberträgerin Stechmücke. Die ursprüngliche Besiedlung reichte vom heutigen Rio delle Beccarie bis zum Bassin von San Marco vor dem Dogenpalast. 811 verlegte der Doge Angelo Participazio auch den Regierungssitz der auf den Laguneninselchen entstandenen Seerepublik an den »rivus altus«, dessen Ufer in der Folge zunehmend prunkvoller bebaut wurden und der heute die prächtigste Wasserstraße der Welt ist: der Canal Grande.

Beide Flußufer wurden bereits 1181 durch eine Pontonbrücke aus Booten verbunden, die »*Quartarolo*« genannt wurde, abgeleitet von dem Brückenzoll, der für ihre Benutzung zu entrichten war. Mitte des 12. Jahrhunderts entstand die erste feste Brücke, die zwischen 1588 und 1591 von dem Archi-

*Die vielleicht typischste Spezialität Venedigs schmeckt hier besonders gut: Sarde in saor.*

tekten Antonio da Ponte durch die heutige Rialtobrücke ersetzt wurde. Zwei Zentren bildeten sich heraus: Im Bereich des Markusplatzes befand sich der Regierungssitz und die Gerichtsbarkeit, am Rialto etablierte sich das Handelszentrum mit Gasthöfen und Weinschenken.
1857 wurde nahe der Brücke, im Zentrum des merkantilen Geschehens, ein kleines, schlichtes Gasthaus mit Innenhof eröffnet, über den sich bald die in Venedig so beliebte weinlaubüberrankte Pergola spannte. Das Gasthaus florierte dank seiner guten Lage und mußte erweitert werden. Aberglaube hielt den damaligen Wirt davon ab, die mittlerweile uralte Weinrebe zu kappen. Statt dessen wurde der neue Speisesaal um die Pflanze herum gebaut, das Dach erhielt eine Öffnung. Der Rebstock gedeiht heute noch und trägt Frucht.
Den Respekt gegenüber der Natur haben sich auch die heutigen Inhaber des 1954 in »Trattoria alla Madonna« umbenannten Lokals, Fulvio und Lucio Rado, zu eigen gemacht. Ihnen geht die Bewahrung natürlicher Aromen über alles. Trotz der Größe ihrer aus mehreren Sälen bestehenden Trattoria wird jeder Zubereitung, jedem Teller besondere Sorgfalt gewidmet. Die Spezialität des Lokales ist – wie könnte es auch anders sein im Rialto-Viertel – Fisch. Kaum ein anderes Restaurant in Venedig verfügt über eine derartige Auswahl an frischem Fisch, der in der großen Vitrine am Eingang appetitlich angerichtet den Gästen präsentiert wird. Gerade die im Zentrum touristischer Aktivitäten nicht eben verwöhnten Venezianer danken es den Rados mit regem Besuch.
Das »Alla Madonna« kann sich zu Recht als eine »Institution« am Rialto fühlen, was auch die Stadtverwaltung häufig durch Taten bestätigt, wenn es darum geht, Staatsgäste zu bewirten. So haben hier neben vielen anderen bereits Königin Sonja von Norwegen, Prinzessin Anne von Großbritannien und Caroline von Monaco gespeist.

# OSTERIA ANTICO DOLO

**Ruga Vecchia San Giovanni**
**San Polo, 778**

**San Silvestro**

◆

Öffnungszeiten: 12.00–15.00 und 18.30–22.00 Uhr

Ruhetag: Sonntag

◆

AMBIENTE

***

KÜCHE

**

WEINE

*

Die Ruga Vecchia San Giovanni ist eine der Hauptverbindungsgassen in San Polo: Verhältnismäßig breit, führt sie von der Kirche San Giovanni Elemosinario (»Johannes der Bettler«) zum Campo vor Sant'Aponal.
Seit 1989 betreibt Bruno Ruffini in dem schmalen Haus mit der Nummer 778 eine »*Osteria con cucina*«, die sich die Wah-

*Rast vom Rummel der Stadt.*

rung alter Traditionen aufs Banner geschrieben hat. Das kulinarische Interesse gilt hier bevorzugt den Kutteln, bestand doch am selben Ort mehr als hundert Jahre lang eine *triperia*, ein auf Kutteln spezialisiertes Lokal.
Kutteln sind eine der beliebtesten Volksspeisen in Venedig. Ein altes Sprichwort nennt die Dinge, die einen vergnüglichen Abend erst perfekt machen: *pan padovan, vin vicentin, trippe trevisane, donne veneziane* – Brot aus Padua, Wein aus Vicenza, Kutteln aus Treviso und Damen aus Venedig. Wobei die Venezianer durchaus kulinarische Ansprüche mit den aus Blättermagen von Wiederkäuern hergestellten Genüssen verbinden: Verwendet werden bevorzugt Kalbskutteln, die zarter als Rindskutteln sind. Gut gesäubert und gewässert, werden sie mit Kräutern gekocht und anschließend in unzähligen Varianten zubereitet. Einige der besten kann man in der freundlichen Atmosphäre des »Antico Dolo« genießen.

# TRATTORIA ALL'ANTICO PIZZO

**Calle San Mattio**
**San Polo, 814**

**San Silvestro, Rialto**

◆

Öffnungszeiten: 12.30–15.00 und 19.00–21.00 Uhr

Ruhetag: Montag; Sonntagabend geschlossen

◆

AMBIENTE
* *

KÜCHE
* * *

WEINE
* *

Für den italienischen Kritikerpapst Luigi Veronelli ist die »Trattoria all'Antico Pizzo« eine der ganz wenigen »echten, die Venedig geblieben sind«. Voll Neugierde suchen wir das versteckt unweit des Rialtomarktes gelegene Lokal. Wir kommen für venezianische Verhältnisse früh und finden die Inhaber Fabio Alban sowie die Brüder Mario und Vittorio

*Schlicht und aufgeräumt – dennoch verbreiten einige wenige Dekorationselemente venezianisches Flair.*

Marcolin noch gemütlich Espresso trinkend an einem Tisch der winzigen Außenterrasse vor dem Eingang. Die Tageskarte wird noch beraten, Küchenchef Vittorio hat perfekte Steinpilze und Kürbis auf dem zwei Minuten entfernten Rialtomarkt bekommen. Lachend bietet uns sein Bruder Mario einen Aperitif und Platz an: Natürlich könnten wir auch drinnen sitzen, aber heute sei so ein herrlicher Tag ...
Wir gehen kurz durchs Lokal: Die Wände sind schlicht, mit Holz verkleidet, kaum mit Bildern geschmückt, die Tische weiß eingedeckt, die gedrechselten Stühle sehen nicht sonderlich bequem aus. Ein Speiseraum von jener Einfachheit, die Italiener anzieht: Purismus in der Einrichtung bedeutet meist auch eine geradlinige klassische Küche mit Betonung auf frischen Produkten bester Herkunft. Für uns allerdings sieht die Terrasse einladender aus: Ein leichter Wind weht durch die Gasse und macht den schwül-heißen Septembertag

*Nur ein paar Schritte vom Rialto-Markt und doch abseits des Gedränges: die Trattoria all' Antico Pizzo.*

erträglich. Geradezu rührend bemühen sich Fabio und Mario um uns, schnell stehen zwei »Spritz«, liegt die Karte vor uns. Eine klassische Karte in fünf Sprachen, selbst Japanisch wurde nicht vergessen. Mario nickt entschuldigend, der Rialtomarkt, die großeTouristenattraktion, da muß man eben ...
Diese Umgebung bestimmt auch die Standardkarte: Fischgänge wie *Antipasto di pesce*, *Spaghetti marinara*, *Pasticcio* oder *Risotto di pesce*, *Bacalà*, *Seppie alla veneziana* oder *Fritto misto dell'adriatico* werden ergänzt durch Schinken mit Melone, *Pasta al ragù* und *Fegato alla veneziana*, den Abschluß bilden die *dolci*. Fabio bemerkt unsere zweifelnden Blicke und schlägt schnell die letzte Seite der Karte auf: »Diese Speisen Können Sie bei uns stets finden ... Aber wir sind direkt neben dem Fisch und GemüseMarkt ... « steht da in fast korrektem Deutsch. Wir überlassen uns also wie empfohlen seiner Beratung. Lauwarmer Salat von Steinpilzen, Kürbissuppe, ein Häppchen geschmorter Aal und anschließend fangfrischer Grillfisch ... Ein Menü wie ein Spätsommer in einer der romantischsten Städte der Welt. O ja, Veronelli hat recht: eine »ortstypische« Trattoria – sehr zu empfehlen!

# CANTINA DO SPADE

**Calle Do Spade**
**San Polo, 860**

**San Silvestro, Rialto**

Öffnungszeiten: 9.00–15.00 und 17.00–24.00 Uhr

Ruhetag: Sonntag; Donnerstagabend geschlossen

AMBIENTE
***

KÜCHE
***

WEINE
***

Die »Cantina Do Spade« gehört unzweifelhaft zu den ältesten Osterien Venedigs. Bereits 1488 berichtet eine Chronik von einer Osteria an einer Brücke über den Rio delle Beccarie, die »*delle Spade*« hieß – »zu den Schwertern«. Im Katasterregister von 1566 wird diese Schenke dann als »*delle Do Spade*« aufgeführt: Nach einem aufsehenerregenden Duell zweier Edelleute auf der Brücke wurde diese, wie auch die Osteria, erst im Volksmund und schließlich auch offiziell als Ort der »beiden Schwerter« bekannt. Ein eigentlich erstaunlicher Vorgang, galt doch das hinter der Brücke liegende Carampane-Viertel von jeher als Rotlichtbezirk mit den dazugehörigen Händeln.

*Beliebter Treff auch bei Bohemiens.*

Vermutlich war auch die »Osteria Do Spade« in jener Zeit ein Schlupfwinkel für eine eher lichtscheue Klientel. Zumindest von Casanova weiß man, daß er sich hier im Karneval 1745 zusammen mit einem Kumpan aus dem Geschlecht der Balbi mit einer Frau aus dem Volk vergnügte, nachdem er mit List den Ehemann der Schönen ans andere Ende der Stadt gelotst hatte.

*Der Rio delle Beccarie trennte einst den Markt vom Rotlicht-viertel – Schauplatz zahlloser Duelle.*

Heute ist die kleine Cantina mit ihrer freundlichen, von hellem Holz geprägten Einrichtung eher ein Zufluchtsort für tourismusgeschwächte oder vom Einkaufen erschöpfte Gäste, die hier aufatmend Platz nehmen und bei einem Glas ausgesuchten Weines und kleinen Häppchen Erholung finden. Gastgeber Giorgio Lanza, ein bei aller Gemütlichkeit agiler Koch, ist als mehrfach examinierter Weinkellner Mitglied der italienischen Sommelier-Union und empfiehlt gerne aus seinem großen Erfahrungsschatz und Kellerbestand den passenden Wein zu seinen weithin bekannten *tramezzini*, die mit typisch venezianischen Spezialitäten gefüllt sind, oder zu den warmen Gerichten, die die kleine Osteria zu einem veritablen Ristorante veredeln.
Auch hier liebt Giorgio alte Traditionen und serviert beispielsweise leckere Pasta mit kleinen Pilzen in dicker gelber Kürbissauce, die er aus frisch geernteten Früchten der Garteninsel San Erasmo zubereitet. *Bacalà*, das Stockfischmus, gibt es bei ihm gleich in vier einander ebenbürtigen Varianten: klassisch, mit Kräutern gewürzt *alle erbe*, mit Tomatenstückchen *al pomodoro* sowie nach einer örtlichen Sitte mit Anchovis aromatisiert *(veneziane)*. Eine weitere Spezialität seiner Lagunenküche sind *Spaghetti alla busara* mit einer kräftigen, mit Meeresfrüchten und Sardellen pikant abgeschmeckten Tomatensauce. Keine Frage – wäre anno dazumal an dieser Ecke Venedigs ebenso gut gekocht worden, wäre die Calle do Spade vermutlich als Hort des Friedens und der Zufriedenheit in die Stadtgeschichte eingegangen.

# VIVALDI

**Calle de la Madoneta**
**San Polo, 1457**

**San Silvestro**

Öffnungszeiten: 10.00–15.00 und 18.00–24.00 Uhr

Ruhetag: Sonntag

AMBIENTE

***

KÜCHE

**

WEINE

**

Eine Osteria, wie sie wohl auch in Paris oder London Erfolg hätte. Trotz Thonetstühlen an schweren Holztischen, allerlei Kupfertöpfen und alten Röhrenradios wirkt sie ungewohnt saubergeschrubbt, in ihrer Bistroatmosphäre international und damit irgendwie beliebig; dennoch finden sich hier vorwiegend Venezianer ein. Sie lieben manchmal

*Luca, hinter dem Tresen.*

auch scheinbare Widersprüche: Die uralte Holzbalkendecke verbirgt eine moderne Klimaanlage, und aus den Lautsprechern klingt leise Jazzmusik statt Vivaldi.

Die »Vier Jahreszeiten« bestimmen dafür die Küchenlinie; traditionelle Gerichte modern interpretiert, aber immer saisonal orientiert. Wobei ein (übrigens sehr zartes) Filet in Pfeffersauce immer Saison hat – Luca Sorato, seit 1994 Chef des Hauses, war vorher Gondoliere und weiß daher vielleicht, was Touristen oft in Venedig vermissen. Ansonsten ist er eher den Traditionen verhaftet: Jeden Tag bietet er eine andere, frisch gerührte Risottovariante, die man hier auch als Einzelperson bestellen kann. Auf der Standardkarte finden sich interessante Hauptgerichte, etwa *Capesante alla buranela* oder

*Traditionelle Trattoria mit internationalem Flair.*

*Trippe alla parmigiana*, die beide mit einer ausgezeichneten Polenta serviert werden.
Daneben verlockt vieles von der Tageskarte: bei unserem letzten Besuch zum Beispiel Spaghetti mit *caparossoli*, *Fegato* und eine große Auswahl an frischem Fisch wie Dorade, Wolfsbarsch, Zahnbrasse und Steinbutt, um nur einige Sorten zu nennen. Man kann aber auch einfach im Eingangsbereich, an der Theke, im Stehen das eine oder andere Häppchen genießen. Dazu gibt es eine gute Auswahl an Prosecco, Weinen und vielem mehr zu vernünftigen Preisen.
Aus der Nachbarschaft kommen die Leute mittags oft ganz einfach auf einen Teller *Pasta e fagioli*; an frühen Sommerabenden vertreibt sich hier am Campo San Polo hauptsächlich die Jeunesse dorée ihre Zeit, bis das Open-air-Kino oder die Konzerte beginnen. Auch für Besucher der Stadt ein angenehmer Ort, ob auf einen kleinen Snack am Mittag oder für ein ausgedehntes Abendessen im gemütlichen Hinterzimmer.

# TRATTORIA AI TOSI

**Ponte delle do Spade**
**San Polo, 1586**

**San Silvestro, Rialto**

Öffnungszeiten: 9.30–14.30 und 19.00–24.00 Uhr

Ruhetag: Montag

AMBIENTE

***

KÜCHE

***

WEINE

***

Das 1877 gegründete Restaurant befindet sich seither im Familienbesitz, stets vom Vater auf den Sohn vererbt. Das aufgeschlagene Gästebuch am Eingang verheißt nicht nur kulinarische Freuden, sondern auch familiäre Herzlichkeit. Wer zufällig vorbeiflaniert, hat in der Regel Pech gehabt – Reservierung empfohlen. Wer dies beherzigt, kommt in den Genuß einer durchaus ambitionierten Küche.

*Am Abend greift der Pianist in die Tasten – sanfte Melodien begleiten ein romantisches Dinner.*

Da ist zunächst einmal die große Auswahl an *Antipasti di mare*. Unter den *primi piatti* sollte man die venezianische Spezialität *Risi e bisi* probieren. Wunderbar auch die *Zuppa di pesce ai tosi*, eine intensive Court Bouillon mit perfekt gegarter Einlage. Bei den Hauptgängen dominiert gleichfalls Meeresgetier in allen Facetten.
Wer mit der Vielfalt der Meeresfauna nicht so vertraut ist, sollte sich dem *Menu degustazione* anvertrauen: Vier typische Gänge bieten einen guten Überblick und abwechslungsreichen Genuß bei (mit umgerechnet ca. 55 Mark) sehr gutem Preis-Leistungs-Verhältnis. Die Weine dazu sind gut gewählt: Breganze di Breganze von Maculan, Incrocio Manzoni Riva Vecia von Venegazzù, Capo Martino von Jerman oder der Chardonnay von Ca' del Bosco zeugen von Sachverstand bei der Zusammenstellung.

# ANTICA TRATTORIA POSTE VECIE

**Pescheria**
**San Polo, 1608**

**San Silvestro, Rialto**

◆

Öffnungszeiten: 12.00–15.00 und 19.00–23.00 Uhr

Ruhetag: Dienstag

◆

AMBIENTE
****

KÜCHE
**

WEINE
***

Der Name deutet es bereits an: Das 1490 erbaute Haus direkt am Fischmarkt diente ursprünglich als Poststation. Um das Jahr 1700 herum wurde eine Trattoria daraus, die bis heute floriert und deren antike Pracht auch gerne einmal als Kulisse für die Bewirtung von Staatsgästen dient – hier fand beispielsweise ein offizielles Diner statt, als der frühere französische Staatspräsident Mitterrand Venedig besuchte.

Trotzdem braucht man keine Schwellenangst zu haben: Hier geht es zwanglos, unverkrampft und freundlich zu, wie es sich für eine echte Trattoria gehört. Mehr noch als die eleganten Kaminzimmer hat uns der laubberankte Wintergarten gefal-

*Über eine private Brücke direkt vom Fischmarkt ins Fischrestaurant.*

len, den man auch in der kühlen Jahreszeit – dann allerdings bei geschlossenem Dach und guter Beheizung – noch nutzen kann. Man hat ein wenig das Gefühl, in einem lauschigen Hinterhofgärtchen zu sitzen, während aus den Lautsprechern leise Evergreens aus den fünfziger Jahren dudeln.

Die Speisekarte ist überschaubar, bietet aber dennoch eine repräsentative Auswahl für jeden Geschmack. Besonders

*Lauschige Laube, im Sommer wie im Winter.*

empfehlenswert sind etwa *schie* (kleine fritierte Garnelen) mit Polenta oder die Muschelsuppe, Tagliatelle mit Steinpilz-Sahnesauce, fritierte Zucchini mit Scampi oder der sehr zarte *Fegato alla veneziana*. Spezialität des Hauses: *Orata alle Poste Vecie*, Goldbrasse, die in Weißwein und Fischfond pochiert und schließlich mit Polenta auf einem Bett aus Tomatenconcassé serviert wird, gewürzt mit Thymian, Rosmarin und Zitrone – mit 35 000 Lire das teuerste Gericht.
Im »Poste Vecie« hat man mit überkandidelten Kreationen oder Präsentationen wenig im Sinn. Alles ist schlicht und traditionell, aber gut und reichlich. Es wird nach allen Regeln der Kunst vorgelegt, aber ohne jede abgehobene Steifheit. Die Weinauswahl ist ansprechend, wobei bereits der günstige Hauswein recht anständig ist.
Alles in allem eine einladende Trattoria, in der sich nach einem Bummel über den Fischmarkt herrlich entspannt Rast machen oder abends in stilvollem Rahmen speisen läßt.

*Beste Lage: Für Frischfisch ist in der »Alten Post« immer gesorgt.*

# OSTERIA DA FIORE

**Calle del Scaleter**
**San Polo, 2202**

**San Stae**

Öffnungszeiten: 12.30–14.30 und 19.30–22.00 Uhr

Ruhetage: Sonntag und Montag; Reservierung erforderlich

AMBIENTE
***

KÜCHE
****

WEINE
***

Eigentlich versteht man unter einer Osteria ein Weinlokal, in dem vielleicht Häppchen gereicht werden oder allenfalls ein paar gutbürgerliche Gerichte auf der Karte stehen. Nun gut, der Unterschied etwa zu einer »Trattoria« ist häufig kaum noch auszumachen, seit viele Osterien ihr Speisenangebot verfeinert und wesentlich erweitert haben – in dieser »Osteria« jedoch wurde besagte Entwicklung auf die Spitze getrieben: Die »International Herald Tribune«

*Kühles Ambiente ...*

erklärte das »Da Fiore« gar zu einem der fünf besten Restaurants der Welt!
Ob es tatsächlich zu den fünf besten gehört, wagen wir, gelinde gesagt, stark zu bezweifeln, mit der Einordnung als Restaurant, durchaus auch als Spitzenrestaurant, lag man dagegen völlig richtig. Schon mit der edlen Schlichtheit des Ambientes distanziert sich das »Da Fiore« im Grunde von seinen volkstümlichen Wurzeln: seidenbespannte Wände, feinstes Tuch und Tafelsilber, teures Kristallglas ... Der Tischschmuck ist ebenso auf den Millimeter genau ausgerichtet wie das freundlich-distanzierte Lächeln der schwarzen Bri-

gade. Ein Service ohne jeden Tadel. Das muß er wohl auch sein angesichts der Prominenz zahlreicher Gäste, denn es gilt: Wer wichtig ist, kommt hierher, und wer hierherkommt, ist wichtig. Bitte keine Fotos ... ! Erstaunlich, daß man noch keine Paravents zwischen den Tischen aufgestellt hat.

Eine der wenigen Reminiszenzen an eine traditionelle »Osteria« ist die erfreuliche Tatsache, daß die Inhaberin, Mara Zanetti, noch selbst am Herd steht. Und dort beweist

*... mit unterkühltem Charme.*

sie sich als große Könnerin, ja Künstlerin. Was immer aus ihrer Küche kommt, ist hervorragend. Ob Wolfsbarsch oder Seespinne, Fischravioli oder die Hummerkrabben in Zitronenmarinade – alles ist von eleganter Leichtigkeit und dennoch höchst aromatisch. Die Austern, in Weißwein-Fischfond pochiert, waren ebenso perfekt wie etwa das gebratene Thunfischfilet mit Rosmarin und grünen Bohnen – übrigens der butterzarteste und delikateste Thunfisch, den wir jemals serviert bekamen.

Die Preise für die Speisen sind dem hohen Niveau der Küche angemessen, die für die wohlsortierte Weinkarte dagegen zeugen von Mut. Trotzdem: Wer auf die ungezwungene Urtümlichkeit einer echten Osteria verzichten kann und sich auch einmal etwas Besonderes gönnen möchte, ist hier richtig.

*Aus den fruchtbaren Landschaften der nahen Terraferma frisch auf den Tisch – auch als originelle Tischdekoration.*

# OSTERIA AL PONTE

**Ponte San Polo**
**San Polo, 2741/A**

**San Tomà/Frari**

◆

Öffnungszeiten: 9.30–14.30 und 16.30–21.00

Ruhetag: Sonntag; Samstagabend geschlossen

◆

AMBIENTE
*

KÜCHE
**

WEINE
*

Seit über dreißig Jahren zählt die »Osteria al Ponte« am Ponte San Polo zu den beliebtesten der Stadt. Kaum verwunderlich, denn ihr Eingang liegt auf der breiten Brücke über den Rio di San Polo, die einen idyllischen Blick auf den prunkvollen Wassereingang des Palazzo Corner-Mocenigo und den Canal Grande nach der anderen Seite hin bietet. Wer als Fremder kommt, wird erst einmal an den großen Tresen mit seiner Kollektion an Crostini, Schinken, Räucherwürsten und *cicheti* verbannt, wo es sich bei einem Glas Prosecco allerdings angenehm wartet. Allzulange nehmen sich die Stammgäste ohnehin nicht Zeit: Im Handumdrehen stehen Teller mit Pasta und anschließend mit Fisch vor ihnen, im Nu ist das Mahl beendet. Wir dürfen Platz nehmen.

*Eine Osteria, die weniger durch äußeren Glanz als vielmehr durch innere Werte auffällt.*

Die riesigen Tische scheinen auf italienische Großfamilien zugeschnitten zu sein, an den Wänden sorgen Lärchenholz und Messing für freundliche Kleckse in der sonst eher geschäftigen Osteria im Fünfziger-Jahre-Look. Uns schmecken die großen, dampfend heißen Kartoffeln, die hier eine Spezialität sind. Liebhaber von Innereien kommen gleichfalls auf ihre Kosten: geschmorte Zunge, *Trippe alla parmigiana* und marinierte Milz sind beliebte Standardgerichte, die durch eine abwechslungsreiche Tageskarte ergänzt werden.

# TRATTORIA DA IGNAZIO

**Calle dei Saoneri/Rio Terrà dei Nomboli**
**San Polo, 2749/2757a**

**San Tomà**

◆

Öffnungszeiten: 12.30–14.30 und 19.00–22.00 Uhr

Ruhetag: Samstag

◆

AMBIENTE

***

KÜCHE

***

WEINE

***

San Polo ist das kleinste der Stadtviertel oder besser gesagt »Stadtsechstel« *(sestiere)* von Venedig. Im Mittelalter waren die hohen, schmalen Häuser entlang der engen Gassen hoffnungslos übervölkert, spielte sich das Alltagsleben auf der Straße ab. Venedig war ohnehin keine Stadt der Wohlgerüche – San Polo jedoch, so sagte man,

*Eine Service-Brigade mit viel Erfahrung . . .*

San Polo stank! Da fiel eine Gasse wie die Calle dei Saoneri unweit des großzügigen Zentralplatzes Campo San Polo angenehm aus dem Rahmen: Sie war Sitz der besten Seifensiedereien der Stadt. 25 regelrechte Seifenfabriken zählte man um 1565, Gewerbebetriebe, die ihre positive Entwicklung auch der protektionistischen Wirtschaftspolitik der Regierung verdankten. Der Handel mit Seifen anderer Herkunft war in Venedig bei harter Strafe verboten.

Heute wird die hübsche Gasse von eleganten Läden geprägt, deren Auslagen vor allem flanierende Touristen anziehen. Nachts dagegen hallen die Schritte laut in der nur spärlich beleuchteten Straße. Um so freundlicher empfängt einen dann die einladende Lampe über der Tür der klassischen Trattoria. An kühlen Herbst- oder Wintertagen sitzt es sich sehr gemütlich in dem großen Restaurantraum, dem zahlreiche Gemälde, sanfte Beleuchtung und schön gedeckte Tische

*Krabbenpulen auf venezianisch.*

eine stilvoll-familiäre Atmosphäre verleihen. Sobald die ersten Frühlingslüfte über Venedig zirkulieren, zieht es jung und alt jedoch in den hübsch bepflanzten Innenhofgarten, der auch durch eine Tür vom Rio Terrà dei Nomboli erreicht werden kann. Die trotz ihres fortgeschrittenen Alters sehr flinken Kellner legen schnell die umfangreiche Speisen- und Weinkarte auf die mit hübschen Gestecken geschmückten Tische: Ada und Fiorenzo Scroccaro achten in ihrer Trattoria auf jedes Detail. Auch auf die Stimmigkeit der Küchenlinie, denn schließlich gehört das »Da Ignazio« zu den besten und beliebtesten Lokalen Venedigs. Zahlreiche Stammgäste aus der Nachbarschaft sorgen dafür, daß die Karte sich auch an saisonalen Traditionen orientiert: Im Mai/Juni beherrschen Artischocken und Spargel die Tageskarte, Ende Oktober dann frisch geschossene Wildenten – Hemingway läßt grüßen. Wer hier allerdings am Abend des 21. Novembers, des großen venezianischen Festes der Madonna della Salute den traditionellen Schmorbraten vom Milchlamm, *Castradina*, essen möchte, sollte rechtzeitig reservieren.
So sehr Ada und Fiorenzo die kulinarischen Sitten ihrer Heimat schätzen, im »Da Ignazio« sieht man auch einmal über den Tellerrand hinaus – auf höchst angenehme Weise. Wir ließen etwa auf die lokale Spezialität Heuschreckenkrebs und einen fein abgeschmeckten Auflauf mit wildem Spinat ein mürb geschmortes *Ossobuco* folgen: frisch zubereitet in saftiger Sauce, ein Genuß!
Die Weinkarte ist ambitioniert, bleibt mit den Preisen aber auf dem Teppich. Für die gleichen Tropfen legt man in einer nicht weit entfernt gelegenen Spitzen-»Osteria« die Hälfte mehr auf den Tisch. Was dem »Da Ignazio« zu einer kulinarischen Spitzenposition fehlt, macht es dafür mit vernünftigen Preisen und einer ungezwungenen Herzlichkeit wett. Und das ist schon sehr viel wert.

# VECIO FRITOLIN

**Calle della Regina**
**Santa Croce, 2262**

**San Stae**

Öffnungszeiten: 12.00–15.00 und 17.00–22.00 Uhr

Ruhetag: Montag; Sonntagabend geschlossen

AMBIENTE

**

KÜCHE

***

WEINE

***

Viele Trattorien werden über Generationen vom Vater auf den Sohn vererbt, der die Welt der Trattoria sozusagen schon mit der Muttermilch aufgesogen hat. Es geschieht äußerst selten, daß sich jemand von außerhalb aktiv in die alteingesessene venezianische Szene vorwagt, zumal wenn er sich damit zugleich aus den lichten Höhen der Spitzengastronomie in gutbürgerliche Niederungen begibt. Genau dies aber tat die Südtirolerin Emmy Preims – und machte sich selbständig – mit der Neueröffnung eines bei den Venezianern sehr beliebten Traditionslokals, das lange Zeit geschlossen war.

Das »Vecio Fritolin« befindet sich in einem Gebäude aus dem 15. Jahrhundert, in dem einst Caterina Cornaro, die

*Plauderstündchen an der Bar: ein Ort der Kommunikation.*

Königin von Zypern, zur Welt kam. 1910 eröffnete hier ein »*fritolin*« (Fischbrater) namens Aristide sein Geschäft. Auch bei Emmy spielt Fisch eine Hauptrolle: Verschiedene Sorten fritierten Fischs mit Polenta werden täglich am Tisch, als Häppchen am Tresen oder als Imbiß zum Mitnehmen angeboten. Daneben gibt es meist fünf oder sechs täglich

*Emmy Preims, Gastronomin mit Leib und Seele.*

wechselnde Hauptgänge, wie zum Beispiel *Bigoli in salsa* (spaghettiähnliche Nudeln in einer Sardellen-Zwiebel-Sauce), Fischrisotto und weitere Pastagerichte. Die von uns bestellte *Saltata di cozze e vongole* (Mies- und Herzmuscheln) wurde schlicht und ohne großes Chichi präsentiert, war aber top-frisch und ein wirklicher Genuß.

Empfehlenswert dazu: die guten, bodenständigen Weine aus dem Veneto und dem Friaul, eine *ombra* Tocai oder Merlot gibt es hier schon für sozial verträgliche 1000 Lire. (Die ausgestellten Sammlerstücke vom 74er Brunello Lisini bis zum 76er Pomerol dagegen sind, stehend »gelagert«, wohl eher als dekorative Elemente gedacht.)

Die Atmosphäre des Lokals mit seinem offenen Gebälk, den dunklen Hölzern und den »*cesendelli veneziani*«, mundgeblasenen Glaslampen, ist typisch für Venedig. Und die gute Seele Emmy gibt einen kräftigen Schuß Herzlichkeit dazu. Kein Wunder, daß sie es in kurzer Zeit geschafft hat, ihr Haus in Venedig und darüber hinaus bekannt zu machen. Kommentar unseres Tischnachbarn: »Endlich gibt es den ›Vecio Fritolin‹ wieder!« Dem können wir uns nur anschließen.

*Künstlertreff: der Meister unter seinem Werk.*

# OSTERIA DA ANDREA BENTIGODI

**Calesele**
**Cannaregio, 1423/24**

**San Marcuola**

Öffnungszeiten: 10.30–15.00 und 18.00–23.00 Uhr

Ruhetag: Sonntag

AMBIENTE
**

KÜCHE
**

WEINE
***

Bis vor wenigen Jahren befand sich ein beliebtes Chinarestaurant in dem erst 1940 errichteten Haus auf dem Weg vom Rio Terrà Farsetti zum ehemaligen Ghetto. Seit Andrea Varisco das Lokal übernommen und wieder in eine klassische Osteria verwandelt hat, zieht es noch mehr Veneziander hierher. Sie genießen die schlichte Klarheit der Innen-

*Später Vormittag: stille Minuten kurz vor dem Ansturm der Gäste.*

ausstattung, die einen bewußt zurückhaltenden Rahmen für gastronomische Erlebnisse schafft. Unter dunkler Holzbalkendecke stehen bequeme Holzbänke und einfache Tische, über denen Lampen den Gastraum in ein angenehmes Licht tauchen. Den vorderen Raum dominiert ein langer *banco* mit Marmortresen, hinter dem Elena, die hübsche Barfrau, Neuankömmlinge mit freundlichem Lächeln begrüßt: Hier ist der richtige Platz, um sich mit Freunden zu treffen oder Zufallsbekanntschaften zu machen.

Die Stimmung ist einladend, der Wein gut und sehr preiswert: eine typische Osteria des modernen Venedig. Auf einer großen schwarzen Tafel hinter der Bar ist das täglich wechselnde Weinangebot verzeichnet. Hier kann beispielsweise

*Wer sich nicht entscheiden kann – Elena fragen! Sie verrät auch, was noch in der Küche brutzelt.*

der von der italienischen Fachpresse hochgelobte Chianti Classico der Fattoria Villa Caffaggio aus Greve in Chianti für 25 Mark die Flasche genossen werden, hier gibt es den gleichfalls vorzüglichen Dolcetto d'Alba von Fiorenzo Nada aus Treiso im Piemont bereits für 5 Mark das Viertel. Und auch die Weine des umbrischen Visionärs und Vorreiters des Qualitätsweinbaues, Lungarotti, sind wahre Schnäppchen.
Die Gäste der Osteria wissen solche Qualitäten zu schätzen. Tagsüber beleben vorwiegend ältere Honoratioren des Viertels die Bar. Am Abend, wenn bunte Lämpchen den Eingang zur Osteria noch einladender gestalten und goldenes Licht aus dem Barraum auf den kleinen Durchgangscampo mit seiner Sommerterrasse fällt, trifft sich hier die kulinarisch anspruchsvolle Jugend der Stadt. Für sie kocht Andrea Varisco originelle Variationen typisch venezianischer Gerichte, kreiert beispielsweise Aalrisotto, Spaghetti mit Kürbisblüten, Pasta mit Schwertfisch und Auberginen oder Wolfsbarsch in Orangensauce. Eine innovative Küche, die die alten Traditionen schätzt und weiterentwickelt, die mit Gewürzen und Zutaten spielt und sich so wieder der Kreativität des Venedigs der Renaissance annähert, als der »Dufthafen« Europas mit seinem Reichtum an Gewürzen auch in kulinarischer Hinsicht die Moden Europas bestimmte.

# OSTERIA DO COLONNE

**Rio Terrà del Cristo**
**Cannaregio, 1814/C**

**San Marcuola**

◆

Öffnungszeiten: 7.00–14.00 und 16.00–21.00 Uhr

Ruhetag: Mittwoch

◆

AMBIENTE

*

KÜCHE

**

WEINE

**

Der Rio Terrà San Leonardo war einstmals ein belebter Kanal, der mitten durch Cannaregio führte, Ankerplatz von Schiffen, die frisches Obst und Gemüse, aber auch Wein, Milch, Käse und Fleisch vom Hinterland heranführten – ein wichtiger Marktplatz. Der alte Kanal ist zwar längst zugeschüttet, seine Funktion als Handelsplatz des täglichen Bedarfs hat er aber dennoch nicht verloren. Hier treffen sich die Bewohner des kleinbürgerlichen Viertels täglich, hier zeigt Venedig noch ein durch alltägliche Gewohnheiten geprägtes Gesicht. Dazu gehört auch die morgendliche *ombra* in der kleinen Osteria am Ende der Einkaufsstraße.

*Für besten Schinken und Speck fährt der Chef selbst nach San Daniele oder Südtirol.*

Markthändler, Rentner, Hausfrauen und Flaneure drängen sich im Sommer an kleinen Tischen vor dem Eingang, im Winter im ladenartig schlichten Innenraum des Lokals. Lohnend auch ein schneller Snack: Die hier zubereiteten *tramezzini* gehören zu den besten und originellsten der Stadt. Auch die klassischen *cicheti* sind hier besonders lecker. Danach sollte man unbedingt einen Fragolino probieren, einen dunklen, moussierenden Wein aus der »Erdbeerrebe«.

# TRATTORIA ALL'ANTICA MOLA

**Fondamenta degli Ormesini**
**Cannaregio, 2800**

**San Marcuola, San Alvise**

Öffnungszeiten: 8.30–24.00 Uhr

AMBIENTE
**

KÜCHE
**

WEINE
*

Die ersten Tage im September sind noch nicht optimal für einen Besuch Venedigs. Noch immer schieben sich dann unzählige Touristen aus aller Herren Länder durch die schmalen Gassen der Mercerie, legt heiße Schwüle einen dunstigen Schleier über den am Meer so azurblauen Sommerhimmel. An einem Tag wie diesem ist die im hintersten

*Vorbesprechung für die nächste Gondelregatta: Hier treffen sich die Mitglieder und Fans der Stadtteil-Mannschaft.*

Winkel des Stadtviertels Cannaregio am Rio di San Girolamo gelegene Traditions-Trattoria »Antica Mola« der rechte Ort, um abzuschalten.

Seit 1841 gibt es in dem bereits vor 200 Jahren erbauten Haus ein Lokal, das seinen Namen von dem Mühlstein (»*mola*«) der bis 1800 darin befindlichen Mühle erhielt. Weizen und Mais wurden hier verarbeitet, wichtigste Zutat für Brot und Polenta, die Grundnahrungsmittel der damaligen kargen Zeit. Heute geht es in der ortstypischen Trattoria kulinarisch interessanter zu: Mariantonietta Franzin, Hausherrin und Küchenchefin der »Antica Mola«, ist in der ganzen Umgebung für ihre originellen Risotti und Fischgerichte bekannt. An der wuchtigen, einladend geöffneten Holztür hält uns ein Stammgast an: »Nehmen Sie die *Caparossoli in supa*, die sind heute besonders gut«, schwärmt der kleine ältere Herr mit weißem Strohhut und trippelt schnell davon. Wir ent-

*Am Rio di San Girolamo machten früher die Getreidefrachter fest – bis 1800 befand sich hier eine Mühle.*

schließen uns zum Bleiben. Am glitzernden Kanal vor der Tür stehen hübsch eingedeckte Tische, über denen große Schirme Schutz vor der gleißenden Sonne bieten. Noch angenehmer sitzt es sich allerdings im Innenhof. Eine Pergola mit Weinlaub spendet Schatten, von den hell getünchten Wänden scheint feuchte Kühle auszugehen – eine ebenso erfreuliche Labsal wie der gut gekühlte Weißwein, den der flinke Kellner umgehend serviert.

Das Fenster zur Küche steht offen. Heraus dringen verführerische Düfte nach frisch gesottenen Muscheln und gegrilltem Fisch. Wir beginnen mit zart mit Zitrone abgeschmecktem *gransoporo* (Taschenkrebs) und lassen den Muscheltopf folgen: Neben den *caparossoli* (Venusmuscheln) finden wir große Miesmuscheln sowie die kleinen, aromatischen Kreuzmuster-Teppichmuscheln in einem würzigen Kräuter-*sughetto* aus Fischbrühe und Weißwein. Am Nachbartisch genießt eine vergnügte junge Dame einen schauerlich aussehenden schwarzen *Risotto alla veneziana* – nach ihrem Gesichtsausdruck zu schließen zumindest geschmacklich ein Hochgenuß. Uns erscheint gegrillte Dorade reizvoller: butterzart, in einer leichten Sauce aus Fischsaft, Wein, Knoblauch und Oliven, genau das Richtige an einem so heißen Tag.

# HOSTERIA ALLA PERGOLA

**Fondamenta della Sensa**
**Cannaregio, 3318a**

**Madonna dell'Orto**

◆

Öffnungszeiten: 7.00–22.00 Uhr

Ruhetag: Samstag

◆

AMBIENTE

*

KÜCHE

*

WEINE

*

Die kleine »Hosteria alla Pergola« ist ein gutes Beispiel dafür, wie sehnsüchtig viele Touristen das wahre Venedig suchen und zu diesem Zweck auch nicht die Mühen eines langen Fußwegs scheuen, um am Ende doch wieder unter ihresgleichen zu sitzen. Dies könnte tragikomisch sein, wäre da nicht die Familie Girotto, die standhaft an den alten Traditionen und Vorzügen der venezianischen Osteria-Kultur festhält und den Verlockungen der schnellverdienten Touristenmark nicht nachgegeben hat.
Ihr Lokal ist vor allem im Sommer brechend voll. Angeboten werden sorgfältig zubereitete Standardgerichte zu günstigen Preisen, die von karaffenweise ausgeschenktem Landwein begleitet werden. Das »Alla Pergola« ist dank solcher

*Nicht mehr »geheim«, aber immer noch authentisch.*

Vorzüge zwar nur noch pro forma ein »Geheimtip«, doch der Besuch lohnt sich weiterhin, vor allem für die Gäste, die Seniorchef Serafino an seiner *Cicheti*-Theke aufsuchen und sich an die wahren Geheimtips der Lagunenmetropole wagen: Stockfisch, Kutteln, Milz, Rindfleischsalat und eingelegte Sardellen sind hier ebenso köstlich wie die Scheiben von Käse, Coppa und Schinken. Unter Familienfotos an der Wand lehnend, genießen wir – auch die Freude darüber, daß es das »wahre« Venedig doch immer noch gibt.

# VINI DA GIGIO

**Fondamenta di San Felice**
**Cannaregio, 3628/A**

**Ca' d'Oro**

◆

Öffnungszeiten: 12.15–15.00 und 19.30–22.00 Uhr

Ruhetag: Montag

◆

AMBIENTE

***

KÜCHE

***

WEINE

****

Der Bereich der Strada Nuova zwischen Ca' d'Oro, der Kirche San Felice und dem Palazzo Pesaro gehört zu den kunsthistorisch interessantesten Ecken Venedigs. Daß er auch kulinarische Highlights beherbergt, beweist ein Besuch in der Weinstuben-Trattoria »Vini da Gigio«. Beim Eintreten wirkt sie mit ihrer großen Bar auf den ersten Blick eher

*Paolo hinter dem Tresen.*

wie ein Bistro oder Pub. Auch die hinteren Räumlichkeiten sind eher zurückhaltend dekoriert – schlichte Holztische und Stühle, hübsche Wandlampen, ein paar Bilder ... Charme und Gemütlichkeit vermitteln hier eher Details wie das Ungetüm einer alten Espressomaschine auf der Bar oder die bunte Reihe von Grappa-Flaschen auf dem Dessert-Buffet – und vor allem natürlich Paolo Lazzari.

Paolo fegt wie ein Wirbelwind von Tisch zu Tisch, flink, aber ohne jede Hektik, um hier ein neues Papiertischtuch aufzulegen, da eine Bestellung aufzunehmen, dort einen Wein zu empfehlen. Hemdsärmelig, kompetent, gut gelaunt. Paolo gehört zu den Gastronomen, denen man gerne bei der Arbeit zusieht, weil sie Freude an ihrem Beruf ausstrahlen.

Links hinter der Bar, vertrauenserweckend offen einsehbar, die Küche. Hier agiert Paolos Mutter Laura – mit der Fröhlichkeit eines wirklich glücklichen Menschen, der seine Lei-

*Kulinarische Köstlichkeiten mit Blick auf den Kanal.*

denschaft zum Beruf gemacht hat. Wenn man kurz reinschaut, lacht und winkt sie einem zu, während sie in einem Topf rührt oder die Kaisergranaten auf dem Grill wendet. Aus ihrer Küche kommt Bodenständiges in bester Qualität: *Schie* (kleine fritierte Garnelen) *con polenta*, *Taleggio fritto*, *Penne gamberi e pesto* (Federkielnudeln mit Garnelen und Basilikumsauce) oder *gorgonzola pistacchi* (mit Gorgonzola und Pistazien), *Risotto scampi e rucola*, *Ossobuco brasato* (geschmorte Kalbshaxe), *Tagliata al pepe rosa* (Roastbeef mit rosa Pfeffer), *Pesce al forno con patate e funghi* (Fischauflauf mit Kartoffeln und Pilzen) oder aber *Bigoli al ragù bianco d'anatra* (dicke Spaghetti mit einem weißen Entenragout) – wunderbar.

Paolo serviert alles mit einem Lächeln und dem Tip, etwa einen 96er Chardonnay Ronco del Gelso dazu zu trinken, der mit 26 000 Lire keineswegs überbezahlt ist. Die Hausweine (ab 10 000 Lire) sind hier zwar tadellos, mehr Spaß macht es jedoch, sich den augenzwinkernden Empfehlungen Paolos anzuvertrauen, der sein Lokal im besten Sinne als Osteria versteht und die Weine daher entsprechend sorgfältig auswählt. Auf seiner Tageskarte verzeichnet er je fünf interessante Weiße und Rote – Flaschenweine (ab 18 000 Lire), die auch offen (ab 6000 Lire) zu haben sind. Die Standard-Weinkarte ist umfangreich, erstklassig und doch vernünftig kalkuliert.

Das »Vini da Gigio« wird vorwiegend von Venezianern frequentiert, aber auch Prominenz wird hier häufig gesichtet, etwa Woody Allen oder Diana Ross, die gerne bei Laura und Paolo essen, wenn sie in der Stadt sind, naturalmente. Bei unserem Besuch ließ es sich gerade Giorgio Armani dort schmecken.

# OSTERIA ALLA BOMBA

**Calle dell'Oca**
**Cannaregio, 4297**

**Ca' d'Oro**

◆

Öffnungszeiten: 10.30–14.00 und 17.30–22.30 Uhr

Ruhetag: Mittwoch

◆

AMBIENTE

**

KÜCHE

**

WEINE

**

Das Vorbild von Paris ließ Mitte des 19. Jahrhunderts die Stadtväter von Venedig nicht ruhen. Auch sie wünschten sich elegante Straßen wie die breiten, ringförmig um die ehemalige Altstadt der Seinemetropole angelegten Boulevards. Heute sind die Venezianer allerdings dankbar dafür, daß sich kein rücksichtsloser Erneuerer nach dem Vorbild des Barons Haussmann in der Lagunenstadt fand: Lediglich ein »Boulevard« wurde 1868–1871 durch das Niederreißen alter Häuser geschaffen, die Strada Nuova in Cannaregio.
Heute ist die lange, großzügige Straße belebtes Zentrum ihres Sestriere, gesäumt von Palazzi, Kirchen und vor allem Läden. Versteckt in einer winzigen Parallelgasse zur breiten Strada Nuova liegt die »Osteria alla Bomba«. Zwei L-förmig anein-

*Die Osteria alla Bomba hat traditionell viel Stammpublikum.*

andergefügte, schmale Räume bilden das Herz dieser ursprünglich gebliebenen Weinstube. Auch die hier servierten Speisen folgen einer puristischen Tradition: Fisch, Pasta und Risotto. In einer Vitrine am Tresen des Hauptraumes wird zudem eine große Auswahl traditioneller *cicheti* präsentiert. Es lohnt sich besonders, nach Flaschenweinen zu fragen, die einen kleinen, aber wohlüberlegten Querschnitt durch Italiens Weinlandschaften präsentieren.

# AI PROMESSI SPOSI

**Calle dell'Oca**
**Cannaregio, 4367**

**Ca' d'Oro**

Öffnungszeiten: 10.00–15.00 und 17.00–23.00 Uhr

Ruhetag: Mittwoch

AMBIENTE

**

KÜCHE

**

WEINE

**

Geradezu eine kulinarische Zeitreise bietet die Trattoria »Ai Promessi Sposi« in der schmalen Calle dell'Oca, der »Gänsegasse«, die ihren Namen nach einem um 1582 erstmals in einer Chronik erwähnten Laden für Landprodukte erhielt, dessen schmiedeeisernes Schild eine freilaufende Gans darstellte: Beleg für naturnahe Produkte. Ursprüngliche Bezugsquellen und Gerichte, die das Angebot der Saison nutzen, sind auch in dem rustikalen Lokal mit seinem gepflegten Gärtchen Trumpf. Spezialität des Hauses ist neben Fisch vor allem Gemüse. Ungewöhnliche Zutatenkombinationen und eine raffinierte Würzung machen etwa den gemischten Vorspeisenteller mit Gemüse zu einem besonderen Genuß, dickflüssiges, dunkelgrün leuchtendes

*Hier kann es schon mal eng zugehen.*

Olivenöl rundet ein feines Hors d'œuvre ab. Ebenfalls empfehlenswert die große Auswahl an preisgünstiger Pasta.

Überhaupt ist die gemütliche Trattoria immer wieder ein Ort fröhlicher Stelldicheins von Künstlern, seien es Sänger, Schriftsteller, Bildhauer oder Maler. Sie alle genießen die lockere Atmosphäre in der kleinen Bar am Eingang, auf deren Tresen auch eine große Auswahl an *cicheti* ihren Platz findet – ideal für ein Häppchen zwischendurch, bei einem Glas guten, dabei preisgünstigen Weins.

# TRATTORIA BEPI

**Salizzada del Pistor**
**Cannaregio, 4550**

**Ca' d'Oro**

◆

Öffnungszeiten: 12.00–14.30 und 18.30–22.00 Uhr

Ruhetag: Donnerstag

◆

AMBIENTE

***

KÜCHE

**

WEINE

**

Das »Bepi« ist eine der ältesten Trattorien Venedigs. Sie führt ihren Ursprung auf das Jahr 1540 zurück, besteht seit 1900 nachweislich hier und wird seit 1964 von der Familie Giupponi geführt.

Heute ist das schlichte Lokal mit der großen Theke im vorderen Raum, dem mittags und abends brechend vollen Spei-

*Im Familienbetrieb von Großvater »Bepi« fühlen sich selbst Fremde schnell wie zu Hause.*

sezimmer und der hübsch eingedeckten Sommerterrasse in der breiten Gasse vor der Tür vor allem bei jungen Familien aus der Nachbarschaft beliebt. Die können sich hier auch wirklich wohlfühlen, denn unter dem Kommando von Großvater »Bepi« Loris Giupponi, diesem Muster eines venezianischen Gastwirtes, läuft der Familienbetrieb wie am Schnürchen. Flink verteilt er Gläschen um Gläschen trockener *ombre* an die gemütlich plaudernden Gäste vor seinem Reich, holt eilfertig neue *Cicheti*-Platten aus der von den Frauen der Familie beherrschten Küche (vor allem die marinierten Muscheln und der *bacalà* sind vorzüglich) und streicht im Vorüberhuschen der brav in ihrem Sportbuggy schlafenden Enkelin übers Köpfchen.

Dies alles passiert ohne jede Hektik, in einer Atmosphäre von Wärme und Freundlichkeit, die auch zufällig hereingeschneiten Touristen zuteil wird. Und diese verirren sich gar

*Hier ging nicht nur Fellini ein und aus. Während der Filmfestspiele lassen sich immer wieder internationale Stars blicken.*

nicht so selten hierher: Zwar liegt die nette Trattoria nicht gerade an den üblichen Touristenrouten, aber in den kleinen Gassen zwischen der Nordbiegung des Canal Grande und den Fondamenta Nuove, der breiten Promenade mit Blick auf Murano und die Friedhofsinsel San Michele, sind authentische Lokale rar, werden gut eingeführte Adressen von Hotelportiers gerne ihren Gästen empfohlen. Daß dazu auch prominente Namen gehören, beweisen die unzähligen Fotos an den Wänden der Bar, die Bepi mit nationalen und internationalen Größen zeigen. Besonders stolz ist der verschmitzt lachende Chef auf Stammgast Fellini, der hier gern die Kartoffeltortelli mit Ricotta und Spinat gegessen haben soll. Tatsächlich ein Genuß: von schmelzender Konsistenz, gut gewürzt und dabei so leicht, daß nach dem obligatorischen Fischgang noch eines der ebenfalls ausgezeichneten Desserts wie *Tiramisù* oder ein Stück von der köstlichen Schokoladentorte Platz hat.

*Muscheln à la »Bepi« und Stockfischmus – mit einem Glas Wein ein perfekter Snack für zwischendurch.*

# A LA VECIA CAVANA

**Rio Terrà SS. Apostoli**
**Cannaregio, 4624**

**Ca' d'Oro**

◆

Öffnungszeiten: 11.30–14.00 und 19.00–23.30 Uhr

Ruhetag: Donnerstag

◆

AMBIENTE

***

KÜCHE

***

WEINE

**

Das Gassengewirr hinter der Apostelkirche gehört zu den wenigen noch in ihrer alten Struktur erlebbaren Vierteln der Lagunenstadt: kleine Höfe mit versteckten Werkstätten, zahlreiche Ecken, hinter denen überraschend winzige Läden auftauchen, schmale Durchgänge, die zu kleinen Brücken führen. Dabei ist das Viertel nicht nur wegen des am Ponte dei Santi Apostoli gelegenen Palazzo der Familie Falier mit seinem Arkaden-Erdgeschoß und der byzantinischen Bogenfassade sehenswert, der dem späteren Dogen Marino Falier gehörte. Der war so verliebt in seine schöne

*Im historischen Gewölbe . . .*

Gemahlin, daß er Spottgedichte und üble Gerüchte über die Dogaressa nicht hinnehmen wollte. Empört über die seiner Meinung nach zu milde Strafe für den Übeltäter durch die Gerichtsbarkeit der Serenissima, intrigierte er gegen die Verfassung, was ihn den Kopf kostete. Seine trauernde Witwe kehrte in den Familien-Palazzo zurück und machte die vor ihren Fenstern gelegene Brücke zur zweiten »Seufzerbrücke«, wie uns venezianische Freunde schmunzelnd auf dem Weg in das »beste Lokal für Fisch aus der Adria« berichteten.

Derartige Historchen passen gut zur Atmosphäre im unweit des Palazzo gelegenen »A la Vecia Cavana«, das in einem historischen Gewölbe *(cavana)* eine behagliche Stimmung bietet, wie man sie als Fremder in der »Museumsstadt« oft vergeblich sucht. Kerzenlicht unter dunkler Balkendecke, die Tische fein eingedeckt, die Karte typisch für die Stadt, der Service unter Sandro de Grassi freundlich und geduldig auch bei den Gästen, die erst einmal in Ruhe ihren offen aus dem Zapfhahn sprudelnden Prosecco genießen und danach in Ruhe einen der frischen Fische aus der appetitanregend deko-

*... eine kaum zu übertreffende Auswahl an Adriafischen.*

rierten Vitrine am Eingang auswählen möchten: Hier nimmt man sich Zeit für seine Gäste – schön!

Wir entschieden uns schließlich für das große Menü des Hauses, zumal Sandro uns vorab die Fische zeigte, die er für den Fischgang vorgesehen hatte. Zunächst drei vorzügliche Antipasti: ein lecker zusammengestellter Fischteller, würzig in Weißwein-*sughetto* pochierte Muscheln und ein ausgelöster Krebs, mit einer zarten Velouté im Ofen überbacken. Als *primo* empfahlen uns unsere Freunde die *Spaghetti al cartoccio*:

in einer Pergament-»Tüte« gegarte Spaghetti mit Meeresfrüchten, die hielten, was ihr köstlicher Duft beim Öffnen verhieß. Auch die *Grigliata mista* aus verschiedenen frisch gefangenen Fischsorten war erstklassig, der dazu servierte *Insalata delle Isole* dem Angebot der Saison entsprechend und würzig, das Dessert aus hausgemachtem Fruchtsalat äußerst erfrischend.
Moussierender Prosecco aus dem kleinen, für seine Spumanti bekannten Weinörtchen Crocetta del Montello bei Treviso und Espresso sind im Preis von 80 000 Lire enthalten: im teuren Venedig geradezu ein Schnäppchen!

*Matriarchat in der Küche.*

# OSTERIA DA ALBERTO

**Calle Giacinto Gallina**
**Cannaregio, 5401**

**Rialto oder Fondamenta Nuove**

Öffnungszeiten: 9.00–15.00 und 17.30–22.00 Uhr

Ruhetag: Sonntag

AMBIENTE

***

KÜCHE

***

**

WEINE

***

Nur wenige Schritte von der »Vecia Cavana« entfernt verlockt einer der hübschesten Plätze Venedigs zum Ausruhen: Durch den Campiello del Cason und die Calle Malvasia, über den Rio dei Santi Apostoli, an San Cancian und dem spätgotischen Palazzo Boldù vorbei führt der Weg zum Campo Santa Maria Nuova. Unter schattenspendenden

*Große Auswahl an der Bar – selbst die in Italien für Wein verbotene Rebsorte Clinto kann hier probiert werden: der »Erdbeerwein«, ein weinähnliches Getränk.*

Bäumen stehen Bänke, kleine Läden und Werkstätten laden zum Stöbern ein. Und gegenüber, auf der anderen Seite des Rio dei Miracoli, macht die seit ihrer aufwendigen Restaurierung wieder in voller Pracht erstrahlende Marmorfassade der bezaubernden Renaissancekirche Santa Maria dei Miracoli Lust auf einen Besuch.

Diesen kann man am besten in einem weiteren Prunkstück der Stadt beschließen: etwa mit einer *ombra* in der hübschen Osteria von Alberto Ferrari, jenem Gastronomen, der die Rückbesinnung auf alte Osteria-Traditionen bei der Jugend der Stadt modern gemacht hat – dafür sind wir ihm zu großem Dank verpflichtet. Auch dafür, daß seine Osteria trotz des unbestreitbaren Erfolges seines heute wieder hochaktuellen Konzepts ein gastfreundlicher Ort auch für Fremde ist, die nur kurz hier verweilen, um im Vorraum mit dem hübschen Mosaikboden schnell ein Glas spritzigen Weißen aus dem

*Die Küche ist in dieser Trattoria ebenso lobenswert wie die große Weinauswahl.*

Veneto zu trinken. Leider konnten wir den reizvoll arrangierten *cicheti* (dank eines ausgedehnten Mittagsmahles andernorts) nicht Gerechtigkeit widerfahren lassen. Wir kamen deshalb am nächsten Morgen zurück und genossen die venezianischen »Tapas« als frühe Stärkung vor der Besichtigung des größten Gotteshauses von Venedig, der den Aposteln Johannes und Paulus gewidmeten Kirche San Zanipolo. Nach einer ausgedehnten Wanderung durch den gotischen Riesenbau war unser Appetit wieder entsprechend groß: Appetit auf Albertos Spezialitäten aus gut gewürztem, auf den Punkt gegarten Fisch in Kombination mit heimischem Gemüse, die man sich an schlichten Holzbänken, auf denen die typischen Papiersets liegen, schmecken lassen kann.

*Nur ein kleiner Ausschnitt der Digestifkollektion.*

# FIASCHETTERIA TOSCANA

**Campo San Giovanni Crisostomo**
**Cannaregio, 5719**

**Rialto**

Öffnungszeiten: 12.30–14.30 und 19.30–22.30 Uhr

Ruhetag: Dienstag

AMBIENTE

**

KÜCHE

***

WEINE

****

Trotz ihres Namens ist die »Fiaschetteria Toscana« eine urvenezianische Angelegenheit: Weder bekommt man hier Weine aus dem *»fiasco«*, wie die Chianti-Korbflasche genannt wird, noch Gerichte wie gekochte Bohnen, noch ist die Küchenlinie überhaupt toskanisch bestimmt – einer der vielen Scherze der Serenissima, deren Humor nicht erst seit

*Einladend: die Fiaschetteria Toscana.*

Shakespeares »Kaufmann von Venedig« für seine Schärfe berüchtigt ist.
Dennoch (oder gerade deshalb?) gehört das Lokal zu den beliebtesten in der Stadt, denn es zeichnet sich durch schlichte Klasse und gute Küche aus, präsentiert die großen Gerichte der lokalen Küchentradition und widmet sich mit besonderer Sorgfalt den Nachspeisen und der Weinauswahl: Welcher Venezianer könnte da widerstehen? Entsprechend beliebt ist die große Trattoria mit dem hübschen, durch einen sprudelnden Brunnen selbst im Hochsommer mitten in der Stadt attraktiven Gastgarten.
Die klassischen Antipasti des Hauses bestehen aus Heuschreckenkrebsen, Jakobsmuscheln mit Mandeln gratiniert,

gedämpften Scampi auf Gemüse oder hausgemachter Salami mit Aceto Balsamico. Hinzu kommen interessante Hors-d'œuvre von der Tageskarte: etwa *moscardini* (Moschuskrabben) mit Polenta, Austern, geräucherte Entenbrust oder gegrillte Steinpilze. Bei den *primi* macht schon die Standardkarte Appetit, doch sollte man nicht an der vorzüglichen

*Auf dem Platz vor dem Lokal, am »Brunnen vor dem Tore«: der vor allem abends beliebte Gastgarten.*

Fischsuppe vorübergehen, wenn diese auf der Tageskarte steht.

Weitere Highlights: Gnocchetti mit Scampi und Steinpilzen oder die verschiedenen Risotti. Die interessanteste Variante darunter ist sicherlich die mit dem venezianisch als »*go*« bezeichneten kleinen Lagunenfisch Grundel, der die zur Zubereitung des Risotto verwendete Fischbrühe auf das köstlichste aromatisiert. Bei den Hauptgängen kommen ausnahmsweise einmal besonders die Fleisch- und Geflügelesser auf ihre Kosten: etwa bei zartem Filet vom irischen Angusrind mit Barolo oder Pfeffersauce oder einem Curry vom Kapaun. Dennoch sei auch das reiche Angebot an fangfrischem Fisch und Meeresfrüchten ausdrücklich empfohlen, das auch Sorten wie *pesce San Pietro* (Petersfisch), *dentice* (Zahnbrasse) oder – *mazzancolle* (Furchengarnele) umfaßt, die man in der Regel eher selten auf den Speisenkarten findet.

Den passenden Abschluß könnte eine Auswahl regionaler Käsesorten oder aber die süße Spezialität des Hauses bilden: Zabaione mit *Baicoli* aus Burano.

Die »Fiaschetteria Toscana« ist kein billiges Lokal, aber durchaus preiswert – was auch für die große, mit Sorgfalt zusammengestellte Weinkarte gilt, die einen guten Querschnitt durch ganz Italien bietet, ohne dabei die aufstrebenden oder bereits etablierten Winzer der benachbarten Regionen zu vernachlässigen.

*Hier sollte man sich Zeit nehmen . . .*

# OSTERIA AL MILION

**Prima Corte del Milion**
**Cannaregio, 5841**

**Rialto**

Öffnungszeiten: 12.00–15.00 und 18.00–23.30 Uhr

Ruhetag: Mittwoch

AMBIENTE
***

KÜCHE
***

WEINE
***

Von guten Trattorien nicht nur zu hören, sondern sie auch tatsächlich zu finden, kann in Venedig Mühe machen – sofern man es nicht als Sport betrachtet, in versteckten Hinterhöfen herumzuschnuppern und in unscheinbare Eingänge hineinzuriechen, ob sich dort nicht doch das gesuchte Lokal befindet ...

Mit ein bißchen Hilfe ist es aber gut möglich, die abseits in einer Ecke einer wahren Flucht von Hinterhöfen gelegene »Osteria al Milion« zu entdecken. Zwar lassen die düsteren Hausdurchgänge zwischen den Höfen zunächst nicht die Vermutung zu, ausgerechnet hier sei eines der international renommiertesten Kleinrestaurants Venedigs zu finden. Doch wenn man schließlich vor der Osteria die sommerlich-fröh-

*In einer der ältesten Weinschenken der Stadt kann man heute auch sehr gut speisen.*

liche, natürlich von Weinlaub beschattete Terrasse entdeckt, atmet man auf: Hier ist man richtig. Der Eingang in die Corti del Milion, in denen das Geburtshaus Marco Polos neben historischen Häusern aus dem 11. bis 16. Jahrhundert steht, findet sich hinter der Kirche San Giovanni Crisostomo, rechts neben dem leuchtenden Neonschild einer Pizzeria. Die Terrasse der Osteria liegt gegenüber der Pizzeria, neben dem Schaufenster eines Babymodengeschäfts.

Wenn Sie das Lokal gefunden haben, betreten Sie eine der

*Unter der wein-
berankten Pergola:
ländliche Atmo-
sphäre und Ruhe,
mitten in der Stadt.*

ältesten Osterien der Stadt, die sich trotz reichlich Publicity immer noch etwas von der alten Kultur dieser Weinschenken bewahrt hat. Hier kann man sich nach wie vor an den Tresen stellen, ein munteres Wort mit Inhaber Roberto Bocus und seinen kommunikativen Stammgästen wechseln, aus der umfangreichen Liste der rebsortenreinen *ombre* wählen und dazu ein Häppchen knabbern aus der großen Auswahl an Traditions-*cicheti*. Man kann aber auch Platz nehmen an einem der Tische draußen oder drinnen, im maritim geprägten Ambiente des Hauses frisch zubereitete, meist gute, gelegentlich sogar hervorragende Gerichte genießen, deren Menge allerdings leider auf Diät haltende Topmodels ausgerichtet zu sein scheint (die hier tatsächlich auch schon gesichtet wurden ... ).
Unser Tip für alle, die nach einigen Tagen in der Lagunenmetropole nur mehr wenig mit Fisch anfangen können: Versuchen Sie dennoch das Schwertfischcarpaccio, anschließend zum Beispiel die Kalbsnierchen. Ersteres fein mit Limettensaft und apulischem Olivenöl abgeschmeckt und auf Lattich serviert, letztere gut gewässert, mit einem Hauch Brandy und Pfeffer aromatisiert und mit frischer Petersilie bestreut: beides perfekt.
Die Weinkarte verzeichnet neben preisgünstigen Entdeckungen für Ortskundige auch große Namen für ein internationales Publikum, die Karte versucht, alte Osterientradition mit moderner Restaurantkultur zu verbinden – ein gelungener Versuch, der all jene ansprechen wird, die bereit sind, für etwas Besonderes auch etwas tiefer in die Tasche zu greifen.

# TRE SPIEDI DA B.E.S.

**Salizzada San Cancian**
**Cannaregio, 5906**

**Rialto, Ca' d'Oro**

◆

Öffnungszeiten: 12.00–14.30 und 19.00–21.30 Uhr

Ruhetag: Montag; Sonntagabend geschlossen

◆

AMBIENTE

***

KÜCHE

**

WEINE

*

Kenner der immer noch beliebten Theaterstücke des venezianischen Dramatikers Carlo Goldoni (1707–1793) werden sich in dieser hübschen, sehr familiären Trattoria wundern: Seit 1975 wirtschaften hier die Brüder Elio und Alessandro Boscolo mit ihren Ehefrauen, den Schwestern Nella und Teresa – und niemals, so betonen Stammgäste, sei

*Urtümlich und urvenezianisch.*

es zu einer der angeblich so lautstarken Auseinandersetzungen gekommen, die Goldonis Stücken wie »Le baruffe chiozzotte« (Aufruhr in Chioggia) oder »Le donne gelose« (Die eifersüchtigen Frauen) erst das typisch venezianische Lokalkolorit verleihen. Auch wir können nichts Negatives berichten: In harmonischer, gut eingespielter Zusammenarbeit läuft das Geschehen in der geschäftigen Trattoria ab. Man spürt den fachlichen Hintergrund der beiden Brüder, die Ausbildung auf einer guten Hotelfachschule und die Jahre der Auslandstätigkeit – es ist in der Lagunenstadt leider nicht selbstverständlich, daß in einem Lokal so professionell und freundlich zugunsten der Gäste gearbeitet wird wie hier.
So existiert beispielsweise eine gedruckte Speisenkarte in vier Sprachen, diese allerdings ist eine Konzession an die Erwartungen der Fremden. Venezianische Stammgäste verlassen sich lieber auf die Erfahrung der Boscolos, auf dem

*Einladendes Signal in einer engen Gasse: eine der typischen alten Wirtshauslampen.*

nahe gelegenen Rialtomarkt die richtige Wahl zu treffen, und lassen sich das Tagesangebot ansagen. Wer des Venezianischen nicht mächtig ist, wird trotzdem nicht ausgeschlossen: Rasch auf die typischen graubraunen Papiersets der Osterientische gepinselt, kann man sich die aktuellen Tips auch schriftlich geben lassen.

Die Portionen sind groß, die Qualität ist gut, die Küche eher ländlich als fein. Dennoch schmecken die Speisen vorzüglich; so zergehen die gratinierten Jakobsmuscheln und die Tagliatelle mit fein zitronig abgeschmeckter Krebssauce geradezu auf der Zunge, und bei frischem Fisch vom Grill kann man schließlich auch nicht viel falsch machen. Ähnlich schlicht, aber gut, auch die Weinauswahl: Elio und Sandro besorgen ihre Hausweine selbst vom Winzer in Venetien, sie sind angenehm süffig und passen bestens zu der bodenständigen Hausmannskost. Und da die Rechnung für venezianische Verhältnisse nicht zu hoch ausfällt, gibt es auch bei den Gästen keinen Grund für einen Aufruhr à la Goldoni.

*Ein Ort für Gäste, die Gemütlichkeit suchen.*

# NUOVA SPERANZA

**Campo di Ruga**
**Castello, 145**

**Giardini**

◆

Öffnungszeiten: 7.00–22.00 Uhr

Ruhetag: Samstag

◆

AMBIENTE

*

KÜCHE

*

WEINE

*

Wenn Touristen die kleine Trattoria »Nuova Speranza« entdecken, haben sie Glück gehabt, denn hier können sie ein ursprüngliches Stück Venedig nach Maß erleben. Das an einem winzigen Campo in einem abgelegenen Viertel hinter dem Arsenale gelegene Lokal wird meist nur von solchen Besuchern gefunden, die länger in der Stadt bleiben und sich intensiver für die Geschichte der Serenissima jenseits der Pracht des Markusplatzes interessieren – auf dem Weg zur Isola di San Pietro, bis 1807 Sitz von Kirche und Palast der Patriarchen von Venedig. Die nach den in den früheren Klostergärten wachsenden Olivenbäume auch »Isola Olivo« genannte Insel wurde als eine der ersten Laguneninseln besiedelt.

*Hier schmeckt die cucina casalinga.*

Im Sommer sitzt es sich schön auf dem stillen Campo, im Winter wärmen die hausgemachten Speisen des Lokals: Sorgfalt bei der Zubereitung und Stolz auf die *cucina casalinga* (Hausmannskost) bestimmen die urvenezianischen Gerichte, die je nach Tagesangebot zusammengestellt werden. »Freundlichkeit ist uns wichtiger als förmlicher Service«, meint Chef Massimo und glättet den Kragen seines makellos weißen Hemdes. Die kleine Trattoria ist ein sehr heimeliges Stück Venedig, in dem Besucher herzlich willkommen sind.

# ARCIMBOLDO

**Calle dei Furlani**
**Castello, 3219**

**San Zaccaria, Arsenale**

◆

Öffnungszeiten: 10.30–14.30 und 19.00–23.00 Uhr

Ruhetag: Dienstag

◆

AMBIENTE

****

KÜCHE

**

WEINE

**

1985 eröffnete Luciana Beccardi ihre Trattoria, die sie nach dem in Mailand geborenen skurrilen Manieristen Giuseppe Arcimboldo (um 1527–1593) benannte. In Ambiente und Stil ließ sie sich von den Arbeiten des böhmischen Hofmalers inspirieren. Eine originelle und gleichzeitig kulinarisch reizvolle Idee, denn viele von Arcimboldos

*Wer hier bis in den Nachmittag hinein tafelt, sollte es sich leisten können . . .*

Gemälden, wie *Die vier Jahreszeiten* oder *Die vier Elemente*, sind allegorische Köpfe, die sich aus realistisch gemalten Details, aus Gemüse, Früchten oder Fischen zusammensetzen. Opulente, appetitanregende Bilder, deren Reproduktionen sich in trautem Zusammenspiel mit Nippes – Porzellankatzen, Puppen, Marionetten, Trockenblumen, Kerzen und schwerem Samt – im Lokal zu einer wahren Orgie aus Farben und Formen verbinden.

1995 übernahmen Antonio Dore als Küchenchef und sein für den Service verantwortlich zeichnender Kompagnon Maurizio Bondua (s. S. 167) das Lokal, das sie seither mit Elan und Freude am Außergewöhnlichen weiterführen. Abends ist das »Arcimboldo« eher ein Edelrestaurant, in dem sich hauptsächlich begüterte Touristen aus den nahe gelegenen Komforthotels »Gabrielli Sandwirth«, »Londra Palace« und »Danieli« treffen. Um die Mittagszeit dagegen hallt der plü-

*Straßenleben auf venezianisch – eine der schönsten Terrassen, wenn man einmal unmittelbar am Kanal sitzen möchte.*

schige Speiseraum – im Sommer auch die schöne Terrasse am Rio dell'Arco – wider von vergnügtem Kindergeschrei und den fröhlichen Begrüßungsrufen der hier ansässigen Venezianer.

Für so viel Lebensfreude ist nicht zuletzt die Küchenlinie verantwortlich, die bei aller Schlichtheit die lange kulinarische Vergangenheit der Lagunenstadt mit zahlreichen Einflüssen aus Orient und Okzident nicht vergessen hat und gekonnt mit Gewürzen spielt. Die Spezialität ist hier – wie könnte es auch anders sein? – Fisch: fangfrisch gekauft, auf den Punkt genau gegart und gut abgeschmeckt. Die Preise allerdings lassen sich das schöne Ambiente mitbezahlen … Die Weinauswahl ist eher lokal orientiert und präsentiert die wichtigsten DOC-Regionen der Umgebung; zur Abrundung gute Digestifs.

*Hommage an einen großen Maler.*

# TRATTORIA DA REMIGIO

**Salizzada dei Greci**
**Castello, 3416**

**San Zaccaria, Arsenale**

◆

Öffnungszeiten: 12.30–14.30 und 19.30–22.00 Uhr

Ruhetag: Dienstag; Montagabend geschlossen

◆

AMBIENTE

**

KÜCHE

**

WEINE

*

Die freundliche, in warmen, hellen Farben gehaltene Trattoria »Da Remigio« trifft mit ihrem stimmigen Konzept den Geschmack von Einheimischen wie von Touristen, die hier in einem optisch ansprechenden Ambiente gute italienische Küche erwarten und zum Schluß zufrieden und gut gelaunt wieder gehen. Als Vorspeisen empfehlen sich beispielsweise Parmaschinken oder eine Platte aus Schinken und Salami, aber auch Venedigs geliebter *Antipasto di pesce* oder *Sarde in saor*. Sardinen nach griechischer Art sind in diesem Zusammenhang schon fast als exotisch zu beurteilen. Die Pastagänge erinnern an den Italiener zu Hause: Spaghetti mit Tomatensauce, Bologneser Art oder *all'amatriciana*, Lasagne und Maccheroni stehen gleichberechtigt neben *Risotto di*

*Hier kommen auch Liebhaber klassisch italienischer Küche voll auf ihre Kosten.*

*pesce* oder hausgemachten Tagliatelle, deren Sauce man sich zum Festpreis nach eigenem Gusto oder nach Laune des Kochs Gianluca Santini zubereiten lassen kann.

Die Auswahl an Fischgerichten ist gut, bei den Fleischgerichten entspricht sie dem, was man in Venedig von Fleisch erwarten sollte: nicht allzu üppig, aber auch nicht so entsetzlich, daß Gäste mit einer Fischallergie gleich zu Vegetariern werden müßten. Die Preise passabel, der Service freundlich und die kleine Weinauswahl solide zusammengestellt.

# CORTE SCONTA

**Calle del Pestrin**
**Castello, 3886**

**Arsenale**

◆

Öffnungszeiten: 12.30–14.00 und 19.30–22.00 Uhr

Ruhetage: Sonntag und Montag

◆

AMBIENTE
**

KÜCHE
***

WEINE
***

Auf der Suche nach den schönsten venezianischen Trattorien kann man sich einfach durch die Stadt treiben lassen, und oft hat man Glück: Hinter vielen Ecken warten noch echte Entdeckungen auf ein unvoreingenommenes Auge. Wer jedoch wie wir den Anspruch hat, einen möglichst repräsentativen Querschnitt aus einer bei aller räum-

*Mehr Dekoration braucht man nicht – seit Jahren ein In-Lokal, regelmäßig bis auf den letzten Platz ausgebucht.*

lichen Begrenztheit doch ziemlich großen Stadt zu vermitteln, bittet Freunde und Bekannte vor Ort und Kollegen zu Hause um Tips – und stöbert im eigenen Archiv nach den Erfahrungen anerkannter Feinschmecker. Konnte es da ausbleiben, daß uns das »Corte Sconta« ins Visier geriet? »Wo die Intelligenzija gerne ißt«, titelt das von uns hochgeschätzte Kollegenpaar Martina Meuth und Bernd Neuner-Duttenhofer und führt weiter aus: »Das kleine Lokal in der Calle Pestrin ist *in*. Schließlich kann man hier großartig essen und in fröhlicher, unbeschwerter Atmosphäre das Leben genießen ... Den ›versteckten Hof‹ gibt's wirklich ... man sitzt bis in die späte Nacht hinein unter dem dichten Blätterdach eines hundert Jahre alten Weinstocks ... « Das bereitet Vorfreude.

Leider lesen wir kurz vor der Abfahrt zur endgültigen Recherche Wolfram Siebecks Kolumne »Zeitschmecker« zur Bien-

*Für den einen zu schlicht, für Puristen gerade recht . . . Hier dreht sich alles um das Wesentliche – die Küche!*

nale '97: »Natürlich nicht leicht zu finden, weil in Venedig nichts leicht zu finden ist, liegt diese authentische und unverdorbene Trattoria, die von Trattoriensammlern aus aller Welt als Geheimtip angepriesen wird. Der äußere Eindruck ist wirklich herzerwärmend. Die Tische sind nackt, die Wände kahl (aber frisch gestrichen), ein kleiner mit Weinlaub überrankter Garten mit Betontischen und knallroten Stühlen bestätigt die romantischen Vorstellungen der Besucher von echter Folklore ... sie kochen hier wirklich nicht schlecht; der Rustikalität des Ortes entsprechend, jedoch weder verfeinert noch interessanter als sonstwo. Und kaum billiger.« Dennoch wird uns das »Corte Sconta« auch in Venedig selbst immer wieder ans Herz gelegt. Venezianer machen wenig Aufhebens um Ambiente oder Chichi, auch nur geringfügig außerhalb ihrer Tradition liegende kulinarische Ansprüche oder gar Neugierde auf anderorts entdeckte Möglichkeiten sind ihnen fremd, wie wir aus langjähriger Erfahrung wissen und nicht zuletzt durch die mehrmonatigen Recherchen für dieses Buch bestätigt fanden. Was Venezianer erwarten, sind Stockfischmus auf Polenta zum Aperitif an der Bar, persönliche Beratung durch die Inhaber (bevorzugt selbst Venezianer), frischer Fisch und Meeresgetier aller Art, kräftige Würze (Siebeck: »Nicht versalzen, doch wenn man das Essen durstfördernd nennt, hat man es ziemlich genau beschrieben.«); Käse und Desserts sind unwichtig. All das zeichnet auch das »Corte Sconta« aus – Venedig besonders typisch. Kein Zweifel, das kleine, abgelegene Lokal wird sich weiterhin seiner Klientel aus venezianischer Oberschicht und treuer Nachbarn aus dem Quartier erfreuen.

# AL COVO

**Campiello della Pescaria**
**Castello, 3968**

**Arsenale**

◆

Öffnungszeiten: 12.45–14.15 und 19.30–22.15 Uhr

Ruhetage: Mittwoch und Donnerstag

◆

AMBIENTE
✻✻✻

KÜCHE
✻✻✻✻

WEINE
✻✻✻✻

Eine der besten Trattorien von Venedig – gestern noch ein Geheimtip, heute fest in der Spitzenkategorie etabliert. Dabei muß man als Gast keine Schwellenangst haben: Das hübsch ausgestattete Lokal wird noch so geführt wie zu Beginn seiner steilen Karriere. Dafür sorgen schon der gemütliche Chef Cesare Benelli und seine Frau und Partnerin, die

*Erst vor kurzem hat das Al Covo steile Karriere gemacht – zu Recht.*

agile und freundliche Amerikanerin Diane. Cesare zeichnet mit Küchenchef Luke Palladino für die Küche verantwortlich, die sich stolz und durchaus zu Recht »*La cucina del territorio*« nennt. Wobei das Territorium nicht nur Venedig umfaßt, sondern auch die Terraferma, deren kulinarische Traditionen sie ebenfalls berücksichtigt. Neben einer Orgie aus erstklassigen Fischzubereitungen findet man hier also auch ländliche Genüsse vom Festland: geschmortes Kaninchen, Wildgerichte »aus den Tälern« der venezianischen Seealpen oder den während der österreichischen Besatzungszeit eingeführten Tafelspitz.

Aber natürlich kommt die Mehrheit der Gäste zum Fischessen hierher. Das könnte beispielsweise ironischerweise mit einem »Carpaccio« vom Wolfsbarsch beginnen: Selbst ein Spitzenkoch wie Cesare Benelli wird es nicht schaffen, hauchdünnen, marinierten Fischscheiben jenes Rindfleisch-

*Gedämpft klingt das Lärmen der Schiffe vom Bassin von San Marco herüber – die hübsch eingewachsene Terrasse ist auch dank freundlichem Service eine Oase der Entspannung.*

rot zu verleihen, das den venezianischen Maler Vittore Carpaccio (um 1460–1525) einst so bekannt machte ... Der Geschmack jedenfalls ist vorzüglich: bestes Olivenöl kommt zum Einsatz, auch am Fisch wird nicht gespart.

Je nach Saison schmecken auch marinierte Scampi, Seespinnen, Moschuskraken, gebratene *capelonghe* mit Tomatencoulis oder hauchzarte Gnocchetti mit »*go*« (Grundel) und Zucchiniblüten. Fisch gebraten, gedämpft oder im Ofen gebacken – lassen Sie sich überraschen. Als Dessert ließen wir uns eine Scheibe perfekt gereiften Stilton mit einem Portwein schmecken – die Liebhaber eines süßen Abschlusses sollten die von Hausherrin Diane Benelli selbstgebackenen Tartes probieren: Besonders die Torte mit Birnen und Pflaumen in Grappasauce ist ein Gedicht.

Die Weinkarte entspricht dem Niveau des Hauses und ist breit gefächert, auch halbe Flaschen sind erfreulicherweise auf Lager. Bei den Preisen für Speis' und Trank schlägt leider zu Buche, daß die Hauptklientel dieses empfehlenswerten Hauses aus den USA kommt und gewohnt ist, für kulinarische Extraklasse auch entsprechend zur Kasse gebeten zu werden. Erfreulicherweise hat Cesare Benelli trotz seines verdienten Erfolges nicht die Anfänge seines Höhenfluges vergessen: für 43 000 Lire bietet er immer noch mittags ein dreigängiges Menü mit typischen venezianischen Spezialitäten an, das der freundliche Küchenchef »Osteria«-Menü nennt – sehr zu empfehlen.

# ACIUGHETA

**Campo Santi Filippo e Giacomo**
**Castello, 4347**

**San Zaccaria**

Öffnungszeiten: 11.30–24.00 Uhr

Ruhetag: Mittwoch (im Winter)

AMBIENTE

**

KÜCHE

**

WEINE

***

Wer nicht erst in Venedigs Dämmerstunde in die nur wenige Schritte von San Marco entfernte, lebhaft-lärmige Weinbar-Trattoria Gianni Bonaccorsis eintritt, wundert sich erst einmal ob des guten Rufs, der dem venezianischen Sommelier und Weinschenkenbetreibers vorauseilt: In der Mittagszeit belagern ganze Vaporettoladungen von Japanern und Amerikanern die verwinkelten Räumlichkeiten und studieren die auf der nach Touristengeschmack dekorierten Terrasse ausliegende Karte (in einer von mindestens sechs Sprachen!). Wüßte man es nicht besser, müßte man nach einem kritischen Blick auf die überquellenden Teller mit Spaghetti und lieblos arrangiertem Fisch annehmen, in einer üblen Touristenkaschemme gelandet zu sein.

*Ein Tip außerhalb der gängigen Öffnungszeiten.*

Auch die *cicheti* dienen offensichtlich nur als Garnitur für den im Menü enthaltenen Vorspeisenteller: Es gelang uns jedenfalls nicht, eines der verführerisch aussehenden Häppchen zum Wein zu bekommen. Dabei waren wir doch lange nach den heiligen Essenszeiten der Venezianer hier erschienen ... Schade. Vielleicht sollten wir das nächste Mal wirklich erst zu der Zeit auftauchen, wenn in Venedig die Bürgersteige hochgeklappt werden und nur noch wenige Lampen ihr warmes Licht in die düsteren Gassen werfen ...

# AL VECIO PENASA

**Calle delle Rasse**
**Castello, 4585**

**San Zaccaria**

Öffnungszeiten: 7.00–1.00 Uhr

Ruhetag: Mittwoch

AMBIENTE

**

KÜCHE

***

WEINE

*

Die kleine Schenke »Al Vecio Penasa« liegt mitten in der düsteren Calle delle Rasse, die sich ansonsten durch edle Glasläden und Boutiquen auszeichnet sowie durch Restaurants der höheren Kategorien.
Umgekehrt verhält es sich in der kleinen Osteria: Wer morgens um sieben auf einen Espresso, eine *ombra* oder ein frisch gezapftes Pils kommt, ist auf dem Weg zur Arbeit. Ein typisch italienisches Morgenritual mit deutlich venezianischem Akzent: In den beiden Stunden bis neun werden hier Unmengen köstlicher *tramezzini* und *panini* verzehrt. Die Gästeschar ist bunt gemischt: der Vaporettofahrer, der nach der Frühschicht hier sein Bier zischt, ist genauso willkommen wie Geschäftsleute in feinem Tuch oder Hausfrauen mit Kar-

*Venedig »live«.*

ren auf dem Weg zum kleinen Markt auf dem Campo vor der Kirche Santa Maria Formosa. Wenig später zieht es auch Touristen in das jugendstilhafte Ambiente mit klappernden Messingventilatoren, zu der mit dunklem, geschnitzten Holz an ein Londoner Pub erinnernden Bar, den Thonet-Bistrostühlen an Marmortischchen und venezianischen Glasspiegeln. Ein schöner Platz für eine Rast, an dem man Venedig »live« erleben kann. Leider ist das Weinangebot klein, man sollte sich daher an den Prosecco aus Valdobbiádene halten.

# OSTERIA DA BACCO

**Calle delle Rasse**
**Castello, 4620**

**San Zaccaria**

◆

Öffnungszeiten: 9.00–24.00 Uhr

Ruhetag: Mittwoch

◆

AMBIENTE

*

KÜCHE

**

WEINE

**

»Der Wein inspiriert das Genie und die Künste« – lautet der Wahlspruch in der kleinen Osteria am Ende der schmalen Calle delle Rasse, der in dieser Gasse schon seit Jahrhunderten Gültigkeit besitzt: Die hier ansässigen Trattorien, Osterien und Schenken könnten unzählige Geschichten erzählen von Händlern und Künstlern, von Genie und Wahnsinn, von Liebe und Tod. Das kleine Quartier hinter dem Palazzo Dandolo wurde dominiert vom Handel der Serben aus dem kleinen Ort Raska. Ihre schwarzen Filze aus gefärbtem Leinen und dicker dunkler Wolle machten die Gondeln zu uneinsehbaren Kammern, in denen ungesehen Intrigen und Romanzen vor sich gehen konnten.
Kulinarisch galt die schmale Gasse schon immer als bester

*Leckere Kleinigkeiten auch zum Mitnehmen.*

Ort, um *Castradina* zu kaufen: eine geräucherte Hammelwurst, ursprünglich von dalmatinischen Händlern in Venedig eingeführt und heute noch immer beliebtes, wenn auch selten gewordenes Traditionsgericht. Auch in der »Osteria Da Bacco« wird man sie nicht finden, dafür jedoch frisch zubereitete *tramezzini* mit pikanter Füllung und als Spezialität des Hauses *Focaccia genovese*, einen gefüllten Rosmarinfladen. Auch die Weine, die hier von freundlicher Bedienung ausgeschenkt werden, sind von guter Qualität.

# AL GIARDINETTO DA SEVERINO

**Salizzada Zorzi**
**Castello, 4928**

**San Zaccaria**

◆

Öffnungszeiten: 9.00–16.00 und 18.00–24.00 Uhr

Ruhetag: Donnerstag

◆

AMBIENTE

***

KÜCHE

***

WEINE

**

Der »Giardinetto« (»Gärtchen«) wurde uns von zwei reizenden Venezianern empfohlen, die wir an einem wackeligen Tisch auf der einfachen Veranda des Strandpubs am hintersten Ende des Lido kennengelernt hatten. Er ist ein Schmuckstück von einer Trattoria, vor allem im Sommer, wenn die Tische im großen, von Weinlaub beschatteten Garten eingedeckt sind.
Das ganze Jahr über steht Severino Bastinanello hinter dem großen *banco* an der Eingangstür und serviert den kurz hineinschneienden Nachbarn automatisch ihre *ombra* oder einen großzügig mit Campari abgeschmeckten »Spritz«, während seine Frau Rita Parmesan (sie heißt wirklich so!) die Antipasti-Vitrine oder das frisch vom Markt gelieferte

*Ein Gärtchen mit ständig wechselnder Gemälde-Ausstellung.*

Gemüse inspiziert. Ein Familienbetrieb der klassischen Art, auch wenn mittlerweile Profikoch Edy Battiston für die Küche verantwortlich zeichnet. Doch auch er kocht nach urtümlichen Rezepturen und benutzt beste Produkte, so daß sogar schlichte Tagliatelle mit Butter und Parmesan zum Gourmetvergnügen werden.
Die Weinkarte ist angemessen, verzeichnet passende Weine zu bezahlbaren Preisen, wobei sogar der Hauswein trinkbar ist.

# AI NANETTI

**Salizzada San Lio**
**Castello, 5467**

**Rialto**

◆

Öffnungszeiten: 10.00–22.00 Uhr

◆

AMBIENTE

*

KÜCHE

**

WEINE

*

Kaum ein Fremder, der durch Venedig flaniert, wird zufällig an der Salizzada San Lio vorbeikommen, die am Campo San Lio in der Nähe der Rialtobrücke beginnt und eine bei Einheimischen beliebte Abkürzung nach San Marco, Santa Maria Formosa oder San Zanipolo darstellt. Edle Schmuckgeschäfte reihen sich an chice Boutiquen, aber auch fürs alltägliche Leben einer nicht alltäglichen Stadt ist gesorgt.
Natürlich darf auch eine kleine typische Osteria nicht fehlen: »Ai Nanetti« heißt das nette Lokal, in dem viele Venezianer auf einen Snack haltmachen.
Hinter der einladenden Theke mit *Cicheti*-Vitrine bullert ein Pizza-Ofen: Hier kommt auch auf seine Kosten, wer ange-

*Das ist eine Rarität in Venedig: Pizza aus dem Steinofen.*

sichts des allgegenwärtigen Meeresgetiers plötzlich Lust auf einen heißen Fladen nach neapolitanischer Art verspürt. Doch auch Gäste, die es eher nach Meeresfrüchten gelüstet, sind hier richtig: eingelegte Thunfischscheiben, Muscheln, Kaisergranaten, *polpetti* mit Fischfüllung, *tramezzini* mit Krabben oder Meerspinne, Stockfischmus auf Polenta …
Die Appetithäppchen sind so klassisch wie kaum irgendwo anders in dieser Stadt, die *ombre* schlichte, aber erfreuliche Weinchen aus Venetien, das Bier wird frisch gezapft.

# OSTERIA AL MASCARON

**Calle Lunga Santa Maria Formosa**
**Castello, 5525**

**San Zaccaria**

◆

Öffnungszeiten: 12.00–15.00 und 18.30–23.00 Uhr

Ruhetag: Sonntag

◆

AMBIENTE

**

KÜCHE

****

WEINE

***

Wenn Sie vorhaben, im »Al Mascaron« zu essen, sollten Sie entweder schon früh am Mittag kommen oder abends einen Tisch reservieren. Hier geht es die ganze Zeit mehr als nur lebhaft zu: Im ganzen Laden summt es wie in einem Bienenstock!

*Schmucklos schlicht, aber mit viel Atmosphäre.*

Für die Beliebtheit des Lokals kann nicht in erster Linie das Ambiente verantwortlich sein: Die modernisierte alte Osteria präsentiert sich fast schmucklos schlicht, nur ein paar gerahmte Karikaturen an den Wänden sorgen für einen Hauch von Künstleratmosphäre. Es geht zwanglos zu, lustig, manchmal lärmig, und der flinke Service hält sich nicht lange mit Fragen der Etikette auf – hier muß alles schnell gehen. Eher ein Grund, immer wieder ins »Mascaron« zu kommen, sind seine mit Bedacht ausgewählten Weine – schon die günstigen Hausweine aus Venetien, der Toscana oder Umbrien sind sehr anständig.
Der wahre Ursprung seines Erfolgs liegt hier jedoch hinter dem engen Paß, den man vom hinteren Gastraum aus beobachten kann: in der Küche, dem Reich von Giancarlo Seno, in dem er Tag für Tag ein kulinarisches Feuerwerk entzündet. Sein Speisenangebot wechselt täglich, umfaßt dabei zahlreiche Spezialitäten, die dankenswerterweise häufig wiederkeh-

*Kulinarisches Feuerwerk der Meeresfrüchte.*

ren: etwa *Bacalà alla veneziana*, *Sarde in saor* (hier auch als Variation mit Kalbsleber: *Fegato in saor!*) oder *Gnocchi alla granseola* (mit Meerspinnen). Beliebt sind auch seine Risotti sowie seine Pastagerichte in Kombination mit Fisch und Meeresfrüchten, beispielsweise Spaghetti mit Venusmuscheln oder hausgemachte Tagliatelle mit Hummer – Riesenportionen! Gelegentlich gibt es auch Ungewöhnliches, wie kräutergefüllte Ravioli oder Rinderfilet mit schwarzen Trüffeln. *Fegato alla veneziana* war hier übrigens so zart wie kaum irgendwo sonst.

Gemessen an der Qualität sind die Preise sehr moderat. Sicher auch ein Grund für die Beliebtheit. Wenn Sie doch etwas später kommen und das Lokal bereits bis auf den letzten der rund fünfzig Plätze besetzt ist – trinken Sie einfach eine *ombra* im Stehen, und suchen Sie sich eines der leckeren *cicheti* aus, bis wieder ein Tisch frei wird. Das Warten lohnt sich!

*Trotz des erschreckenden Wirtshausschildes: Gäste werden mit offenen Armen empfangen.*

# TRATTORIA DA BRUNO

**Calle del Paradiso**
**Castello, 5731**

**Rialto**

◆

Öffnungszeiten: 11.00–15.30 und 18.30–23.30 Uhr

Ruhetag: Dienstag

◆

AMBIENTE

***

KÜCHE

***

WEINE

**

Ob der Name der Calle del Paradiso zwischen Salizzada San Lio und Campo Santa Maria Formosa tatsächlich auf »paradiesische« Zustände schließen läßt, ist fraglich: Eng stehen die hohen Häuser, und selbst an sonnigen Sommertagen ist nur wenig vom Himmel zu sehen. Lediglich die beiden zum Kirchplatz hin gerichteten Adelspaläste

*Maler können sich die Zeche sparen …*

genießen Helligkeit und Licht. Für Künstler jedoch war die Calle seit 1932 ein kulinarisches Paradies: Damals eröffnete der venezianische Wirt Bruno seinen Albergo mit der dazugehörigen Trattoria, in der mittellose Maler und Zeichner schon einmal mit einem Werk bezahlen durften. Eine Tradition, die der heutige Inhaber Angelo Franchin (s. S. 195) seit 1971 fortsetzt. Hin und wieder sieht man Zeichenstift und -block neben einem Teller liegen, wird an den dicht mit Bildern behängten Wänden der Gastzimmer Platz geschaffen, um ein neues Œuvre zu präsentieren, diskutieren Gäste und Gastgeber nicht nur während der Biennale über die *arte moderna.*

Doch auch Feinschmecker finden den Weg in die freundliche Trattoria, wie magisch angezogen von der großen Kühlvitrine am Eingang, in der Angelo und sein Küchenchef Raffaele Perini tagtäglich fangfrischen Fisch präsentieren, während

*Um 1300 erbaut: das gastliche Haus in der Calle del Paradiso.*

Kellner Giorgio schon einmal als Garnelenpuler eingesetzt wird, bevor die Gäste zum Essen eintreffen.
Fisch bildet naturgemäß den Schwerpunkt der Speisekarte, die durch täglich wechselnde Empfehlungen ergänzt wird. Der Antipasto »Paradiso« etwa zeigt einen appetitlichen kalt-warmen Querschnitt durch die Fischgründe der Lagune, wobei Koch Raffaele durch zurückhaltende Würzung vor allem den Eigengeschmack der Meeresfrüchte zur Geltung kommen läßt. Ein weiteres Highlight: die *Zuppa di pesce* auf aromatisch mit Safran und Weißwein abgeschmecktem Fischfumet, reichlich mit zartem Fisch und kräftig roten Garnelen besetzt. Daneben bemüht sich Angelo Franchin, auch Fleischliebhabern etwas Besonderes zu bieten. Junger Rehbock in dunkler Barolosauce oder Fasan mit Wildkräutern sind beliebte Spezialitäten, ebenso wie die Hühnerleber in Salbeisauce, eine pfiffige Variante der Kalbsleber auf venezianische Art, die auch schon einmal durch Enten- oder Gänseleber abgewandelt werden kann.
Selbst Vegetarier bekommen hier ihre Chance: Nach einer reichen, leicht pikanten Gemüsesuppe könnten sie einen der farbenfrohen, vielsortig bestückten Gemüseteller bestellen, dem bestes Olivenöl den besonderen Reiz verleiht.
Weinfreunde sollten sich vom Ober eine der zahlreichen Flaschen aus dem gut ausgestatteten Keller empfehlen lassen oder auch zum Hauswein greifen: Die Weine der Fratelli Bolla aus Verona etwa werden von Jahr zu Jahr besser, und ihre Grappe runden eine gelungenes Mahl bei »Bruno« bestens ab.

# BARBACANI

**Calle del Paradiso**
**Castello, 5746**

**Rialto**

◆

Öffnungszeiten: 12.00–14.30 und 19.00–22.30 Uhr

Ruhetag: Montag

◆

AMBIENTE

****

KÜCHE

***

WEINE

***

Nur wenige Häuser von der »Trattoria da Bruno« entfernt liegt eines der schönsten Lokale Venedigs. Das »Barbacani« bezog seinen Namen von den um 1300 erbauten Häusern mit ihren den mittelalterlichen Barbakanen, befestigten Vorwerken, nachempfundenen vorkragenden Absätzen auf der Höhe des ersten Stockes, unter denen sich kleine

*An Winterabenden wird der Kamin angefacht.*

Werkstätten befanden und befinden. Direkt an der Tür des kleinen Restaurants schließt ein kunstvoll gemeißelter Bogen aus dem 15. Jahrhundert die Gasse zum Rio di Santa Maria Formosa ab: Bildlich dargestellt ist die Jungfrau Maria, umgeben von den Wappen der Familien Foscari und Mocenigo, denen die beiden Palazzi am Kanal gehörten.

Das passende Ambiente für die schlichte, geradlinige Ausstattung des Restaurants mit bezaubernden Details: leuchtend blaue Muranogläser für Wasser und Wein, im gleichen Farbton die großen Vasen mit frischen Blumen und die Tischdecken. Witzige Kunstwerke auf altertümlichen Ziegelwänden: Antonio Jannone und Liliana Stankovic, die beiden Betreiber dieses Kleinods, sind stolz auf die Vergangenheit des Hauses, gleichwohl jedoch an Zeitgemäßem interessiert.

Dies spiegelt sich auch in der Karte wider, die die klassischen Gerichte der Stadt anbietet und durch Tagesempfehlungen

*Reminiszenz an das Mittelalter: Barbakane.*

ergänzt wird. Daß hier eine erstklassige Köchin am Werk ist, stellt fest, wer beispielsweise die gegrillten Jakobsmuscheln probiert: herrlich duftend, zart, aber mit Biß, das natürliche Aroma mit einem Hauch Koriander und Anis perfekt unterstrichen. Ähnlich köstlich auch die Spaghetti mit Venusmuscheln *(caparossoli)*, denen ein wenig Piment und Chili gerade die richtige Würze verlieh. Gut auch die fritierten Adriafische und die Seezunge – allerdings wünschte man sich, daß die fröhliche Liliana auch ein wenig mehr mit Saucen experimentieren würde. Aber das darf man in Venedig nicht verlangen ... Sehr vielseitig dagegen die Gemüsebeilagen.
Die Weinkarte ist klein, aber sorgfältig zusammengestellt, die Preise sind generell zivil, in Anbetracht von Güte und Ambiente sogar niedrig. Das »Barbacani« hat vielerlei Vorzüge, die zu entdecken sich lohnt. Wer beim ersten Versuch keinen Platz findet, weil unter Umständen eine Reisegruppe Japaner sämtliche Tische besetzt hält (das kann gelegentlich vorkommen), sollte eben für den nächsten Tag reservieren, am besten den Tisch an der Fenstertür zum Kanal: Schöner und in freundlicherer Atmosphäre kann man in Venedig kaum sitzen.

*Bezaubernde Details schaffen besondere Atmosphäre.*

# OSTERIA ALLE TESTIERE

**Calle del Mondo Nuovo**
**Castello, 5801**

**Rialto**

◆

Öffnungszeiten: 12.00–15.00 und 18.00–22.00 Uhr

Ruhetag: Sonntag

◆

AMBIENTE

**

KÜCHE

***

WEINE

***

Noch ein echter Geheimtip unter Venedigs »*osterie con cucina*« – den wir am liebsten wirklich geheimgehalten hätten. Nur vier Tische stehen vor dem kleinen *banco* mit der mit originellen *cicheti* gefüllten Vitrine, und da wird es schnell eng. Doch das stört weder die junge Mannschaft noch die Gästeschar, die zum größten Teil aus der Nachbarschaft stammt. Munter wechseln Scherze von Tisch zu Tisch, wird über Gott und die Welt gelästert, wie es Euch gefällt. Kein Wunder also, wenn die Osteria schon Stammgäste unter Venedig-Besuchern gefunden hat.

Die Spezialität der »Weinschenke zum Zaumzeug« sind *Linguine con ganasette*, die Fischbäckchen des Seeteufels. Ebenfalls vorzüglich ist die breite Palette an Muschelgerich-

*Winziges Kleinod mit einem gelungenen Stilmix aus traditionellen Elementen und modernem Design.*

ten und Meeresfrüchten, die – ebenso wie Schmorfisch auf dem Gemüsebett – einmal ganz anders präsentiert werden als sonst üblich: Allein das sollte schon ein Grund sein, hierherzukommen. Zumal sich im puristischen Ambiente, dessen Mischung aus Tradition und Moderne ein hervorragendes Beispiel für zurückhaltendes italienisches Design bildet, nicht nur Weinstubenhocker, sondern auch »Trendy People« wohlfühlen werden. Allerdings ohne Handys, denn die sind hier verpönt!

# OSTERIA AL PORTEGO

**Calle del Malvasia**
**Castello, 6015**

**Rialto**

Öffnungszeiten: 8.00–22.00 Uhr

Ruhetag: Sonntag

AMBIENTE
**

KÜCHE
**

WEINE
**

Vor etwa zwanzig Jahren startete Alberto Ferrari hier die Renaissance der Osterienkultur Venedigs: in einem eher puristischen Ambiente, mit einer großen Bar und genügend Stehraum davor. In der Osteria selbst einige wenige Tische vor den mit alten Fotografien dieses urvenezianischen Viertels geschmückten Wänden. Der Erfolg gab Ferrari recht, so daß er in ein größeres Lokal in der Calle Giacinto Gallina umzog, in die »Osteria da Alberto«, Seite 155.

Sein Nachfolger Luigino Lubrano hat das ebenso originale wie originelle Erfolgsrezept jedoch beibehalten: Der *bancone* quillt über von ansprechend arrangierten Häppchen, die hervorragend zu den sorgfältig ausgesuchten *ombre* passen. Fritierte Fleisch-, Gemüse- und Fischbällchen, *Sarde in saor*,

*Nicht nur die übervolle Cicheti-Vitrine, auch die gute Weinauswahl sorgt für Stammgäste.*

gegrilltes Gemüse mit Olivenöl, mit hausgemachten Würzpasten bestrichene *crostini* ... Dazu schmeckt schäumender, gut gekühlter Prosecco.

Um die Mittagszeit werden gekocht: einfache Pastagerichte, Hausmannskost – zu Preisen um 8000 Lire, tutto incluso – das kann sich der Venezianer leisten, und das gefällt auch dem Fremden. Also sollte man rechtzeitig kommen: Die »Osteria Al Portego« ist zwar noch urtümlich und nicht vom Tourismus verbogen, ein Geheimtip ist sie allerdings nicht mehr.

# AI GONDOLIERI

**Fondamenta Ospedalero**
**Dorsoduro, 366**

**Accademia, Salute**

Öffnungszeiten: 12.00–15.30 und 19.00–23.00 Uhr

Ruhetag: Dienstag

AMBIENTE

**

KÜCHE

***

WEINE

***

Der romantische, von niedrigen Häuserzeilen gesäumte Rio delle Torresselle bietet die typisch venezianischen Fotomotive: Bunt angestrichene Ruderboote dümpeln vor pittoresken Häusern. Leider haben die vorbeieilenden Fremden meist keinen Blick übrig für das idyllische Bild. Ihr Auge eilt suchend über die nach dem Palazzo Venier dei Leoni benannte Fondamenta: Wo ist nur der Eingang zur Guggenheim-Collection? Die ist natürlich ein Muß für jeden Venedig-Besucher.

Eine Warnung vorab: Um dort zu genießen, muß man zwar nicht den Geldbeutel einer Peggy Guggenheim besitzen, aber schaden kann es nicht – dennoch stimmt hier das Preis-Leistungs-Verhältnis. Der Service ist munter und freundlich, das

*Ein Aperitif an der Bar, vor einem edlen Menü im Restaurant.*

Küchenkonzept erfreut durch die Betonung auf Fleischgerichten. Delektieren kann man sich auch an mit Feldkräutern gefüllten Ravioli, einem Risotto von Rinder-*seccole* (mit Wirbelsäulenfleisch und -mark aromatisiert), an Kaninchenfilet im Pilzsud und Haselnußtorte ... Vielleicht reicht auch nur ein Imbiß aus hausgemachter Salami und Porchetta, zusammen mit einem der vielen zwar nicht gerade billigen, aber sehr guten Weine, die durch eine anspruchsvolle Auswahl an Grappa, Whisky und Cognac ergänzt werden.

# CANTINONE STORICO

**Fondamenta Bragadin**
**Dorsoduro, 660/661**

**Accademia**

◆

Öffnungszeiten: 12.00–14.00 und 19.00–23.00 Uhr

Ruhetag: Mittwoch

◆

AMBIENTE

**

KÜCHE

**

WEINE

**

Dieser ehemalige Künstlertreff in der Nähe der Accademia wurde vor einiger Zeit mit viel Liebe, Schweiß und hohem finanziellen Aufwand grundlegend renoviert – im dezenten italienischen Chic der Neuzeit: schön eingedeckte Tische zwischen einigen sparsam arrangierten Ölgemälden und modernen Wandleuchten – fertig! Die eigentlichen Farbtupfer setzen die Gäste, auch heute noch (oder wieder) ein buntes, eher kunstbeseeltes Völkchen.
Küchenkunst im »Cantinone Storico« bedeutet vor allem die Bemühung, es allen auf zeitgemäße Art und Weise recht zu machen. Aber auch hier kommt die Kunst von »Können«, und man sollte sie daher nicht geringschätzen. Warum auch? Das Repertoire ist klassisch venezianisch, ergänzt um täglich

*Ristorante oder Trattoria? Auch hier verschmelzen die Unterschiede auf angenehme Weise.*

aktuelle Kreationen kulinarischer Inspiration. Damit auch die Gäste inspiriert und alsbald von der Muse geküßt werden, stehen sehr gute Weine aus der Region zu anständigen Preisen auf der Karte. Wem auch bei der *ombra* noch nichts einfällt, der sollte sich den täglich wechselnden Menüvorschlägen anvertrauen. Da weiß man, was man hat: etwas Frisches, das die Küche außerdem nicht langweilt, sondern herausfordert.
Am hübschesten sitzt man vor dem Lokal: an einem der Tische direkt am Rio di San Vio.

# AGLI ALBORETTI

**Rio Terrà Antonio Foscarini**
**Dorsoduro, 882**

**Accademia**

Öffnungszeiten: 12.30–14.30 und 19.30–22.30 Uhr

Ruhetag: Mittwoch; Donnerstagmittag geschlossen

AMBIENTE
***

KÜCHE
***

WEINE
****

Dem großen Gebäudekomplex der Akademie der schönen Künste direkt gegenüber liegt das Restaurant »Agli Alboretti«, das besonders bei schöngeistigen Venezianern zum beliebten Treffpunkt avancierte. Das liegt nicht nur am Esprit der Umgebung, sondern auch an dem der Inhaberin Anna Linguerri: Die gelernte Sommelière ist eine der

*Schattiges Plätzchen: hier lenkt nichts vom Verkosten edler Tropfen ab.*

»*Donne del Vino*« und als solche aller hochgeistigen Genüsse kundig.

Man trinkt hier hervorragend, wobei die Preise im Gegensatz zu manchen anderen Häusern erfreulich auf dem Teppich geblieben sind. Im Bereich zwischen 18 000 und 60 000 Lire sind Weißweine von Lageder, Maculan, Felluga, Mastroberardino bis hin zu Jermans »Capo Martino« verfügbar, auch Toskaner Weine von Antinori, Ornellaia, Felsina oder Poggio Antico. Weinfreunde sollten sich von Signora Anna beraten lassen, denn ihre Speisekarte läuft zweigleisig: In ihrer chicen, sparsam ausgestatteten Trattoria kann man sowohl klassische Zubereitungen der Region als auch zeitgemäße Kreationen der neuen italienischen Küche ordern.

Typisch etwa der reichlich bestückte *Antipasto di mare*, dem herrlich duftende *Pasta e fagioli* und zarter *Fegato alla veneziana* folgen könnten, abgerundet durch *Golosessi*-Gebäck zu

*Ein besonderer Treff für Weinfreunde, in dem auch die Speisen formvollendet serviert werden.*

Vin Santo: ein ortstypisches Mahl in hervorragender Zubereitung und auch das Auge erfreuender Präsentation. Uns reizten besonders der Spinatstrudel mit Lachsforellenfüllung (ganz in österreichischer Tradition) sowie die Polenta mit Weinbergschnecken, gefolgt von einer safrantönigen Fischsuppe und Perlhuhnbrust mit schwarzen Oliven auf Refosco-Sauce: Gekonnt zubereitet, beweisen diese Gerichte aus Produkten, die in Venedig an jeder Ecke zu bekommen sind, daß sich moderne Kochkunst und aktuelle Ideen sehr wohl mit der alten kulinarischen Tradition der Lagunenstadt vereinbaren lassen.
Wie wir an den Nachbartischen beobachten konnten, sind gerade Einheimische dafür aufgeschlossen: »Bei uns bestellen hauptsächlich Touristen die Klassiker, unsere Gäste aus der Nachbarschaft sind ständig auf der Suche nach neuen Kombinationen aus Essen und Wein«, lacht die Donna del Vino. Bei Anna Linguerri werden diese aufgeschlossenen Genießer garantiert fündig.

# CANTINA DEL VINI GIÀ SCHIAVI

**Fondamenta Nani**
**Dorsoduro, 992**

**Accademia**

◆

Öffnungszeiten: 8.00–14.30 und 15.30–21.30 Uhr

Sonntagabend geschlossen

◆

AMBIENTE

***

KÜCHE

**

WEINE

***

Ein Familienbetrieb und eine Osteria, wie sie im Buche steht, ist die »Cantina«, auch »*Cantinone*« (Weingewölbe) genannt: eine von der Familie Gastaldi seit 1949 betriebene Weinhandlung mit Weinausschank, bei dem auch die feste Grundlage nicht fehlen darf.
Mutter Alessandra zeichnet für die *tramezzini* und *cicheti* verantwortlich, füllt unermüdlich aus dem großen Vorrat an Räucherfisch, Salami, Schinken und Schmorfleisch auf, portioniert Garnelen und Krebsfleisch zu rechten Gabelhäppchen. Kein Wunder, wenn hier, im vorderen, an eine mittelalterliche Schenke erinnernden Bereich, das Leben regelrecht tobt, die munteren Zecher bis auf die Uferpromenade hinausquellen und nicht selten auf der Brücke hinüber zum Kirchhof von San Trovaso Platz nehmen.

*Hier sind Weinliebhaber unter sich.*

Weinbeißer dagegen zieht es eher in die »Eingeweide« der »Cantina«: Hier lassen sich Wein, Sekt und rare Champagner entdecken, und sogar die Portweinauswahl ist einer Enoteca mehr als würdig – und als solche versteht sich die »Cantina« durchaus. Wenn sich wie hier önologische Fachkenntnis mit kulinarischer Expertise paart und das Ganze auch noch in appetitanregender Umgebung stattfindet, kaufen auch die Weinliebhaber der Nachbarschaft gerne ein.

# TRATTORIA DA ANDRI

**Via Lepanto, 21**
**Lido di Venezia**

**Lido**

◆

Öffnungszeiten: 12.30–15.00 und 19.30–23.00 Uhr

Ruhetage: Montag und Dienstag

◆

AMBIENTE
***

KÜCHE
***

WEINE
*

Im ersten Moment wirkt die Szenerie unwirklich: Während vor uns am Kanal ein Boot vertäut wird, radelt fröhlich ein Postbote auf einem gelben Fahrrad vorbei. Moment mal – ein Fahrrad? Das ist doch in Venedig verboten ... In die nachdenkliche Stille hinein knattert ein Mofa, saust um die Ecke über eine Brücke und verschwindet. Wer

*Promi-Treff ohne Dünkel.*

längere Zeit in Venedig gelebt hat, muß bei einem Besuch des Lido erst umdenken. Hier fahren plötzlich Autos, wird der Personennahverkehr mit Bussen abgewickelt. Irgendwie wirkt auch das Leben in der breiten Hauptstraße, dem Gran Viale Santa Maria Elisabetta, »italienischer« und schnellebiger als in den Gassen rund um San Marco. Ein paar Schritte in Richtung Meer – eine großstädtische Fußgängerzone statt eines kleinen Campo, doch dann wieder Venedig, wie es im Buche steht: Kanal, Markthalle, frischer Fisch und ein Gemüseboot ...

Wir folgen der Via Lepanto den Kanal entlang. Der Eindruck von Großbürgerlichkeit bleibt bestehen, die Häuser hier sind romantisch bewachsene Villen mit gepflegten Gärten, dazwischen Boutiquen und kleine Hotels der Edelkategorie. Hinter einem über und über mit Weinlaub bewachsenen Zaun entdecken wir die schön eingedeckten Tische unseres Ziels.

*Villa aus dem Jahr 1916, die von Anfang an ein Restaurant beherbergte.*

Romana, die österreichische Fremdenführerin aus Castello, hatte uns hierher geschickt: »Ihr müßt zum Andri, da geht zur Zeit jeder hin ... « Und nicht erst seit gestern.
1916 wurde das großzügige Haus erbaut, das von Anfang an ein Lokal der besseren Kategorie beherbergte. Hier trafen Sommerfrischler aus dem unweit gelegenen »Hotel des Bains« auf noble Venezianer mit Sommerhäusern am Lido, hierher zog immer wieder der Troß von Biennale und Filmfestival. Um so mehr ist man bei »Andri« stolz darauf, eine familiäre Trattoria geblieben und nicht zu einem Ristorante entartet zu sein. Auch wenn hier nach wie vor der Jet-set speist, Helmut Newton am Nachbartisch sitzt oder Francis Ford Coppola mit Ralph Fiennes feiert.
Doch auch »normale« Gäste sind immer gern gesehen, werden schnell an einem bequemen Tisch untergebracht und kompetent und aufmerksam beraten. Die kleine Karte enthält zahlreiche Standardgerichte der venezianischen Küche; besser fährt man allerdings, wenn man den Empfehlungen von Inhaber Luca Meneguzzi folgt, dessen Familie die Trattoria seit 1968 betreibt. Durch die große Glasscheibe, die den mit moderner Kunst dekorierten Gastraum von der Küche trennt, kann man verfolgen, mit welch einfachen Mitteln in Venedig kulinarische Träume erfüllt werden: ein wenig Zitronenmelisse auf die in Olivenöl gebratenen Garnelen, ein wenig Wärme für den lauwarmen Fischsalat, die Scampi profitieren von der sanften Bitterkeit des gehackten Rucola. Eigentlich eine einfache Küche, aber sehr raffiniert.
Ähnlich die Weine: Zwar gibt es nur Hausweine, doch die stammen von guten Erzeugern aus dem Friaul, der Prosecco aus Valdobbiádene.

# TRATTORIA FAVORITA

**Via Franchesco Duodo, 33**
**Lido San Niccolò**

**Lido**

◆

Öffnungszeiten: 12.30–14.30 und 19.30–22.30 Uhr

Ruhetag: Montag

◆

AMBIENTE
***

KÜCHE
**

WEINE
**

Einen wunderschönen Spaziergang von der Landestelle Lido entfernt liegt die »Trattoria Favorita«, mitten im Grünen. Trotz der verhältnismäßigen Größe ist Reservierung vonnöten – die Trattoria ist beliebtes abendliches Ausflugsziel von Sommergästen und Venezianern. Ein andauernder Erfolg, der durch das auf Kontinuität bauende Konzept der Familie Pradel erst möglich wurde, die die Trattoria 1950 eröffnete. Solide Küchenleistung auf Basis klassischer Speisenfolgen bildet das Fundament, aufmerksamer Service, ein gepflegtes Ambiente und gute Weine den Überbau, der sicherstellt, daß ein Besuch in dem romantischen Haus zu einem besonderen Erlebnis wird. Das hat natürlich seinen Preis, dem jedoch die Leistung entspricht.

*Einer der Favoriten am Lido.*

Wer nach dem Essen durch die blütenduftende Nachbarschaft Richtung Meer flaniert, um auf der Terrasse des »Hotel des Bains« noch einen Digestif zu nehmen, erlebt einen Abend am Lido, wie ihn Thomas Mann beschrieb: »Köstlich war auch der Abend, wenn die Pflanzen des Parks balsamisch dufteten, die Gestirne droben ihren Reigen schritten und das Murmeln des umnachteten Meeres, leise heraufdringend, die Seele besprach.«

# AL VECIO CANTIER

**Via della Droma, 76**
**Lido Alberoni**

**Lido**

◆

Öffnungszeiten: 12.30–15.30 und 19.30–22.00 Uhr

Ruhetag: Montag; Dienstagmittag geschlossen

◆

AMBIENTE
*

KÜCHE
* * *

WEINE
* *

Kein Geheimtip, aber ein lohnendes Ziel für einen kulinarischen Ausflug ist die Trattoria »Al Vecio Cantier«. Das äußerst urtümliche Lokal findet man in Alberoni, am entlegensten Zipfel der langgestreckten Lido-Insel, zwischen Meer und Lagune. Alberoni ist vor allem im Sommer ein beliebtes Ziel der Venezianer: Hier gibt es einen öffentlichen

*Diese Trattoria ist etwas entlegen, aber das Ziel lohnt die Fahrt allemal.*

Strand, der dennoch gepflegt ist, zudem liegt hier der Golfclub der Stadt an einem malerischen Kanalbecken. Der dorthin führende Kanal erinnert mit den fest vertäuten Fischerbooten und Motoryachten ein wenig an holländische Grachten.

Unverkennbar italienisch dagegen die Sommeridylle des am Kanal liegenden »Vecio Cantier« mit seiner großen Weinlaube, in der eng an eng die schön eingedeckten Tische stehen. Bunte Glaslampions und maritime Dekoration aus Fischernetzen schaffen ein munteres Ambiente, Kerzen sorgen für die rechte Stimmung, und aus den Lautsprechern dudeln dezent Schlager der fünfziger Jahre.

So sehr die sommerliche Atmosphäre auch Strandlaune und Urlaubsstimmung vermittelt – nach einem ersten Blick auf die Karte wird klar, daß dies auch ein typisches Lokal für Venedig ist. Kein Klassiker, der fehlt. Am interessantesten

*Der Koch mehlt Fische ein – neben kreativen Fischgerichten gehören auch die Klassiker hier zu den besten rund um die Lagune.*

sind sicherlich die verschiedenen Fischvorspeisen – Hausherr Ezio Torresan fährt täglich nach Chioggia zum dortigen Fischmarkt, dem größten der Region, der auch die Pescheria in der Stadt versorgt. Die Auswahl dort ist reichlich, die Kreativität von Ezio und seinem Koch Stefano Cudato ebenfalls unbegrenzt: Lassen Sie sich am besten überraschen. Und machen Sie dem Service klar, daß nach der verlockenden Vielfalt an Antipasti noch Platz bleiben sollte für die Pastaspezialitäten wie Tagliolini mit Scampi und Artischocken, einen Fischauflauf mit *capelonghe* oder den auf Kartoffeln unter einer Kräuterkruste im Ofen überbackenen Wolfsbarsch.

Im Winter ist in Alberoni naturgemäß weniger los: Dann treffen sich die Nachbarn in der schlichten Bar am Eingang auf *ombre* und *cicheti*, und in der *sala* sitzt die wirkliche Prominenz aus Politik und Gesellschaft unter sich. Dann ist das »Al Vecio Cantier« doch wieder ein Geheimtip für Eingeweihte.

# DA NANE

**San Pietro in Volta, 282**
**Pellestrina**

**Lido**

**von dort mit dem**
**Bus 11 Richtung Chioggia bis**
**San Pietro in Volta**

◆

Öffnungszeiten: 12.00–15.00 und 18.30–21.00 Uhr

Ruhetag: Montag

◆

AMBIENTE
**

KÜCHE
**

WEINE
*

Viele Touristen wird man in der Trattoria »Da Nane« nicht finden. Kein Wunder, die Anfahrt mit einem Mietboot ist teuer, mit öffentlichen Verkehrsmitteln beschwerlich. Zudem hat Pellestrina dem interessierten Fremden wenig mehr zu bieten als die historische Tatsache, daß der langgestreckte Litorale anno 810 den Franken unter

*Viel Platz abseits des städtischen Trubels.*

Pippin, dem Sohn Karls des Großen, die Möglichkeit gab, den damaligen Dogensitz Malamocco zu erobern, worauf der Regierungssitz an den sicheren Markusplatz verlegt wurde. Einen kurzen Blick sollte man auch auf die *murrazzi* der Insel werfen, das letzte große Bauprojekt der Seerepublik (1744–1782): ein langgestreckter Damm von Chioggia bis zum Lido, der die Lagune vor Sturmfluten schützt. Die Beschädigungen durch die letzte große Flut 1966 wurden inzwischen ausgebessert.

Die Insel selbst ist mit Wein- und Gemüsegärten bepflanzt, die Dörfchen sind trotz ihrer Ärmlichkeit freundlich, die beiden Kirchen San Pietro und San Stefano stammen aus der Zeit um 1600. Die zahlreichen modernen Fischerboote entlang der Küstenlinie zur Lagune zeugen vom einzigen Reichtum der Insel: Fisch und Meeresfrüchte. Die schmecken besonders gut auf der überdachten Terrasse im ersten Stock

*Terrasse mit Blick auf die Lagune. Vor der Trattoria legen wohlsituierte Gäste gern mit dem eigenen Motorboot an.*

der Ecktrattoria am kleinen Hafen von San Pietro in Volta. Am Wochenende sollte man reservieren, bevor man den langen Weg mit Boot oder Bus auf sich nimmt: Das Lokal ist bei venezianischen Familien beliebt, die hier in Windeseile enorme Mengen frischer Meeresfrüchte vertilgen, bevor sie mit dem Boot zu den struppigen Wiesenstränden der zahllosen unbewohnten Inseln im Südteil der Lagune enteilen. Mit etwas mehr Muße kann man sich den spritzigen Prosecco und gute Weine aus Venetien und dem Friaul schmecken lassen oder sich für eine Flasche Champagner der international führenden Häuser entscheiden, der hier kaum teurer ist als im deutschen Feinkosthandel. Damit oder mit einem Spumante Ferrari läßt sich herrlich ein geruhsamer Nachmittag mit weitem Blick auf die stillen Wasser der Lagune verbringen, dann über staubige Feldwege zum Meer wandern und schließlich noch einen abendlichen Ausflug nach Chioggia anhängen, bevor einen der Schnellbus wieder wohlbehalten zum Piazzale Roma in Venedig zurückbringt.

# TRATTORIA DA ROMANO

**Via Baldessare Galuppi, 221**
**Burano**

**Burano**

Öffnungszeiten: 9.00–15.00 und 18.00–22.00 Uhr

Ruhetag: Dienstag

AMBIENTE

***

KÜCHE

**

WEINE

**

Wer immer an Prominenz Burano besucht hat und nicht in dieser Trattoria war, muß wohl zu einer erstaunlich kleinen Minderheit gehören. Dieser Eindruck drängt sich zumindest beim Betrachten der künstlerisch gestalteten Karte der »Trattoria da Romano« auf, die etwa 100 Maler und Bildhauer, 80 Musiker, 50 Autoren, ebenso viele Sportler und

*Immer wieder eine Anlaufstelle für berühmte Zeitgenossen.*

etwa 200 weitere Personen des öffentlichen Lebens namentlich verzeichnet.

Ein erfolgreiches Lokal also bei der Crème de la crème – und eines mit historischen Wurzeln. 1900 gegründet, gehört das Mitglied der »Locali Storici d'Italia« zu den ersten Häusern, die gezielt Künstler förderten und sich schon einmal in Naturalien bezahlen ließen. So wurde die Trattoria schnell populär, zumal Burano seit jeher ein beliebter Rückzugsort für Kreative war, denen die Betriebsamkeit Venedigs auf die Nerven ging, die sich aber dennoch von seiner farbensprühenden Atmosphäre aus Wasser und Licht angezogen fühlten. Erfreulich ist, daß das Haus sich bis heute seine Ursprünglichkeit weitgehend erhalten hat, obwohl in unmittelbarer Nachbarschaft viele von Touristen überlaufene Orte liegen.

Inhaber Orazio Barbaro hat das schöne Ambiente bewahrt, den Service auf Freundlichkeit getrimmt und nur wenig an

*Museale Küche – ein Prachtstück! 1900 eingerichtet und für das Jahr 2000 immer noch bestens gerüstet.*

der Preisspirale gedreht. So verzeiht man sogar, daß die Meeresfrüchtesauce zur Pasta einen leichten Touch von Konservenware hatte, und tröstet sich mit dem schmackhaften, tatsächlich fangfrischen Fisch. Ebenfalls gut fährt man hier mit typischen Lagunenspezialitäten wie Heuschreckenkrebsen oder *granseola* (Seespinne), mit Fischsuppe und gemischter Fischplatte: Keine Trattoria, die auch auf einheimische Gäste setzt, kann sich dabei einen Schnitzer erlauben. Daß Orazio Barbaros Konzept aufgeht, bewies bei unserem Besuch die hier abgehaltene Hochzeitsfeier. Über ganz Burano verteilt zierten Plakate zu Ehren der Lokalgrößen Enrica und Filippo die farbenprächtigen Häuser, und getafelt wurde – wo sonst? – im »Romano«. Na also!
Wenn auch Sie einmal dort sind, werfen Sie unbedingt einen Blick in die Küche, eine der schönsten in und um Venedig. Auch wenn Sie glauben, in ein Museum geraten zu sein – es ist die Küche, ein (fast) ganz normaler Arbeitsraum.

*Die ersten Gäste treffen ein – gleich erscheint das Brautpaar: festliche Hochzeit an einem Sonntag.*

# AL GATTO NERO

**Fondamenta Giudecca, 88**
**Burano**

**Burano**

◆

Öffnungszeiten: 12.00–15.00 und 19.00–21.00 Uhr

Ruhetag: Montag

◆

AMBIENTE

∗∗∗

KÜCHE

∗∗∗

WEINE

∗∗

Wer im »Gatto Nero« in Burano einkehrt, tut dies normalerweise nicht zufällig. Anders als die Wand an Wand im touristischen Brennpunkt liegenden Konkurrenzlokale liegt diese sehr persönlich geführte Trattoria idyllisch an einem Kanal im Inselinneren. Die gepflegten Tische und Stühle auf der breiten Promenade laden schon von weitem

*Ein echter Geheimtip auf der Touristeninsel.*

ein – allerdings wird hier meist erfolglos bleiben, wer auf gut Glück kommt. Wer dagegen reserviert hat, wird, nachdem er den kurzen Weg von der Landestelle zurückgelegt hat (oder vielleicht wie viele der aus gehobenen Kreisen Venedigs stammenden Gäste mit dem eigenen Boot kommt), perfekt umsorgt und kann sich auf höchst appetitanregende Gerichte freuen.

Ruggero Bovo steht selbst in der Küche und bemüht sich darum, daß nur selten Sand in das wohlgeölte Getriebe des Lokales gerät, das seine Geräumigkeit erst auf den zweiten Blick preisgibt und dessen Wände die Kunstsammlung des Hausherren schmückt: offensichtlich ein Mann mit eigener Handschrift. Filmstars haben hier schon getafelt, Staatschefs auf Lagunenbesuch, selbst gekrönte Häupter wie die Könige von Spanien und Belgien, Mitglieder des englischen Königshauses und die derzeitige Herzogin von Alba genossen hier

*An einem Kanal im Inselinnern. Das Lokal liegt gegenüber des kleinen örtlichen Fischmarktes – direkt an der Quelle.*

das typische Stimmungsbild der postkartenschönen Insel Burano.

Dennoch fühlen sich auch die Fischer aus der Nachbarschaft hier immer noch zu Hause: Ruggero sei auf dem Teppich geblieben, meint einer, der gerade spontan für ein Brautpaar venezianisches Liedgut dargeboten hatte und hier oft herkommt. Ein Kompliment aus den eigenen Reihen, das für den Patron mehr zählt als der kurzlebige Applaus der Presse. Solange sich hier jeder wohlfühlt und die Küchenleistung stimmt, sei ja alles in Ordnung. Und das ist es auch: Ein Antipasto von kalt-warmen Muscheln brachte das Thema ultimativ auf den Punkt, der Fisch war offensichtlich vor dem Grillen mit Würzmarinade bestrichen und somit herrlich aromatisch, auch die Kalbskoteletts mit zitroniger Sauce kann man sich kaum besser vorstellen. »Fischerküche aus guten Produkten« mache er, simpel, ohne zuviel Raffinesse, meint Ruggero mit Recht stolz. Und gerade deshalb sind seine Gerichte so raffiniert.

*Mit eigener Handschrift: Ruggero Bovo.*

# GALUPPI

**Via Baldessare Galuppi, 468**
**Burano**

**Burano**

Öffnungszeiten: 11.00–22.00 Uhr

Ruhetag: Donnerstag

AMBIENTE

***

KÜCHE

**

WEINE

**

Gianmario Tagliapetra nennt sich selbst einen »malenden Philosophen«. Er ist gastfreundlich wie kaum ein anderer Venezianer, kann aber auch manchmal eigenbrötlerisch und in sich selbst zurückgezogen wirken. Dann sinniert er wahrscheinlich wieder einmal über die Frauen und sein Junggesellendasein. Und darüber, daß sich an letzterem auf absehbare Zeit auch nichts ändern wird, weil er zu lange in der Küche steht – morgens, mittags und abends und auch noch dazwischen.

Gianmario ist kein Griesgram. Er nimmt das alles mit Humor. Und weil er im Grunde sehr gerne am Herd steht, bringt er Küchenleistungen auf den Teller, wie man sie an einem solchen Touristenort gar nicht erwarten würde. Nichts Spektakuläres, aber viel Solides, was man eben so in Venedig kocht und brutzelt: Fisch vom Grill, Fischsuppe, Meeresfrüchte, Risotti ... Man kann hier vernünftig essen, einen gepflegten Landwein oder auch etwas Besseres trinken und zusehen, was sich auf der umtriebigen Via so tut. (Was besonders dann Spaß macht, wenn Gianmario gerade Pause hat und eine alleinstehende Dame vorbeiflaniert ... )

*Einkehr beim Maler-Philosophen von Burano.*

Nein, das »Galuppi« ist kein Gourmettempel. Einfach ein netter Ort, an dem man gut aufgehoben ist.

# ANTICA TRATTORIA ALLA MADDALENA

**Mazzorbo, 7/A**
**Mazzorbo**

**Mazzorbo**

◆

Öffnungszeiten: 12.00–15.00 und 19.00–21.30 Uhr

Ruhetag: Donnerstag

◆

AMBIENTE

**

KÜCHE

**

WEINE

**

Stampfend biegt das große Passagierschiff, von Torcello kommend, in den schmalen Kanal entlang Mazzorbo ein, um hinter der fruchtbaren Insel das Fahrwasser nach Murano und zurück zur Stadt zu finden. Wir steigen an der kleinen Landestelle aus. .

Das kleine, direkt an der Anlegestelle gelegene Lokal wurde erstmals 1928 in einem Führer erwähnt, seit 1955 ist die Familie Simoncin hier Gastgeber – und sie nimmt ihre Rolle ernst. Der Service paßt zu einer ländlichen Osteria, ist freundlich und flink, und wenn die junge Bedienung einmal nicht weiter weiß, ist Padrone Beppino schnell zur Stelle. Uns empfiehlt er Wildente, ein Gericht, das in ganz Venedig nicht erst seit Hemingway legendär, jedoch schwer zu finden ist.

*Idyll am Kanal: wochentags ist hier wenig los, am Wochenende muß man reservieren.*

Auch die anderen Gerichte sind eher ländlich-bodenständig als fein, gefallen aber durch beste Zutaten und ausgewogene Würzung. Gemüseliebhaber sollten die verschiedenen Risotti probieren, auch die Kuttelsuppe ist vorzüglich.

Als wir nach ausgiebigem Mahl langsam über die kopfsteingepflasterte Promenade zurück nach Burano spazieren, verstehen wir, warum gerade Burano und Mazzorbo so viele Künstler und Ästheten anziehen konnten. Hier ist die Lagune ein wunderbarer Platz auf Erden!

# AL TRONO DI ATTILA

**Fondamenta Borgognoni, 7/A**
**Torcello**

**Torcello**

Öffnungszeiten: 9.00–18.00 Uhr

Ruhetag: Montag (von Oktober bis Apri)

AMBIENTE

**

KÜCHE

**

WEINE

*

Torcello gilt als »Mutter Venedigs« – lange bevor die Gegend am Rialto sich anschickte, zu einer reichen Stadt aufzublühen, gab es auf der damals auch »Klein-Byzanz« genannten Insel bereits Kirchen und einen Bischofssitz, Paläste und Adelsfamilien. Einer der berühmtesten Bewohner Torcellos war Ernest Hemingway.

Ein früherer, martialischer Besucher der Insel soll der Hunnenkönig Attila gewesen sein, der auch dem kleinen Lokal unweit der Anlegestelle seinen Namen gab, obwohl die Preise auf der Karte trotz touristischer 1A-Lage keinen Raubzug befürchten lassen (abgesehen vielleicht von den schlichten offenen Weinen, die sich auch gastfreundlicher kalkulieren ließen). Ansonsten alles gute Hausmannskost, solide zubereitet, und doch überraschend günstig. Die Standardkarte verzeichnet Beliebtes für die Laufkundschaft, daneben aber auch ebenso schlichte wie gut abgeschmeckte Nettigkeiten wie Miesmuscheln in Zitronensauce.

*Unser Tip für Torcello.*

Paola und Mauro sind nette, ungezwungene Gastgeber. So mancher Besucher Torcellos, der eigentlich die Kathedrale besichtigen wollte, soll über »Attilas Thron« nicht hinausgekommen sein – und gerade noch den letzten Vaporetto zurück nach Venedig erreicht haben …

# OSTERIA AL PONTE DEL DIAVOLO

**Ponte del Diavolo
Torcello**

**Torcello**

Öffnungszeiten: 12.00–19.00 Uhr

Ruhetag: Mittwoch

AMBIENTE
**

KÜCHE
**

WEINE
*

Wer in Torcello auf dem Weg von der Anlegestelle zur Kathedrale nicht gleich im »Trono di Attila« hängenbleibt, hat ein paar Schritte weiter die Chance, die zweite besuchenswerte Trattoria der Insel kennenzulernen. Auf den ersten Blick könnte man die beiden verwechseln: Beide verfügen über eine Bar, rustikal gestaltete Gasträume und einen gepflegten, hübsch bepflanzten Wirtsgarten.

Der Unterschied ist eher kulinarischer Natur – nicht unbedingt hinsichtlich ihrer Qualität, doch hinsichtlich des etwas höheren Anspruchs der »Osteria al Ponte del Diavolo«. Deren Karte ist etwas kleiner, etwas feiner und deutlich teurer. Man könnte sich eine *Insalata di mare* schmecken lassen (25 000 Lire), danach etwa eine Fischsuppe (20 000), als

*Idyllischer Garten in Venedigs »Keimzelle«.*

Hauptgang *Scampi al forno* (30 000) mit Gemüse (12 000 Lire extra) und zum guten Schluß *Crespelle* (Crêpe) *alla crema* (10 000). Hinzu kommen außer den nicht eben billigen »Vini« noch 4000 Lire »Coperto« pro Person sowie 10 Prozent »Servizio« ... Das addiert sich.

Preislich besser als à la carte fährt man hier mit einem der Tagesmenüs. Alles tadellos zubereitet, präsentiert und serviert – und mengenmäßig völlig ausreichend als mittägliche Stärkung bei einem netten kleinen Torcello-Ausflug.

# TRATTORIA AI VETRAI

**Fondamenta Manin, 29**
**Murano**

**Faro, Colonna**

◆

Öffnungszeiten: 11.30–16.00 und 18.00–22.00 Uhr

Ruhetag: Donnerstag

◆

AMBIENTE

**

KÜCHE

***

WEINE

**

Kein Aufenthalt in Venedig ohne Besuch in Murano, dem Herz der venezianischen Glasbläserindustrie. Zahllose Glashütten finden sich entlang der Küstenlinie zur Lagune und an den Kanälen, die Glasbläser und Händler sind freundlich und freuen sich auch über unverbindliches Interesse. Daß Murano nicht billig ist, versteht sich von selbst.

*Die Fähre vom Markusplatz braucht eine halbe Stunde – hierher kommt, wer sich Zeit zum Genießen gönnt.*

Und wer sich mit Ramsch abspeisen läßt, ist selbst schuld. Die wirklich interessanten Entdeckungen in Murano kann man in den hinteren Räumen der großen Verkaufshäuser machen – wahren Schatzkammern, in denen das Glas ausgestellt wird, das Muranos Namen zu einem Synonym für Glanz und Luxus gemacht hat. Ähnlich ist es in den Trattorien von Venedig: Je weiter hinten ein Gast seinen Tisch wählt, desto ernster nimmt ihn der Kellner. Venezianer lieben die typische Schlichtheit großer Säle, die Umtriebigkeit in den vorderen Räumen überlassen sie den Fremden. So kann es auch im »Ai Vetrai« durchaus passieren, daß ein Fisch an einem der Tische zum Kanal hin eher lieblos vorgelegt wird, während der fröhlich speisenden Familie ganz hinten auf dem Podest die große Oper zuteil wird – typisch an einem Ort, der von und mit seinen Touristen leben muß, aber eigentlich den Kenner ansprechen will.

*Diese Küche ist eine Empfehlung für Fischliebhaber.*

Kenner und Genießer lassen sich im »Ai Vetrai« am besten von einem der kompetenten Kellner beraten oder bestellen gleich eine gemischte Vorspeisenplatte, die Pasta des Tages und anschließend den großen Fisch-Grillteller, lassen die Küche auffahren, was tagesfrisch ist. Die Produkte sind erstklassig, die Zubereitung ist schlicht, aber gekonnt, die Würzung kräftig, aber ausgewogen, die optische Anmutung farbenprächtig und appetitanregend.
Montags lohnt es sich besonders, die Fischsuppe zu bestellen: Wenn sich am Vorabend die Inszenierung der sonntäglichen Fischauswahl in der großen Vitrine am Eingang dem Ende zuneigt, werden die kleinen Haie und Schwertfische, die dem lebenden Gemälde erst seinen Glanz verliehen haben, zu einem Fischsud verarbeitet, der mit allem angereichert wird, was die Vorräte noch hergeben. Ein herrlicher Genuß am folgenden Tag, an dem Murano nach dem Wochenendtrubel sichtlich aufatmet, an dem Besucher die Chance erhalten, mit den Glasbläsern wirklich ins Gespräch zu kommen und so ein wenig von der Faszination zu spüren, die einst von der Inselgruppe ausging, bevor immer mehr fernöstliche Produkte ihren Weg in die Auslagen der Glasgeschäfte entlang des Rio dei Vetrai fanden.

# LA PERLA AI BISATEI

**Campo San Bernardo, 1**
**Murano**

**Fondamenta Venier**

Öffnungszeiten: 10.00–14.30 und 16.00–21.00 Uhr

Ruhetag: Mittwoch

AMBIENTE

*

KÜCHE

*

WEINE

*

Selbst Murano hat Rückzugsflächen für Einheimische. Wenige Schritte genügen von der Fondamenta Venier, um den Campo San Bernardo zu erreichen. Ein auf den ersten Blick trostloser Platz nach all dem inszenierten Pomp.
Den einzigen Farbklecks steuert eine gelbe Markise mit der Aufschrift »Osteria« bei. »La Perla ai Bisatei« ist genau das: eine Weinschenke mit Speisemöglichkeit, mit großem *bancone* am Eingang, der von Weinflaschen und *cicheti* überquillt. Hinter der Bar steht der Sohn des Hauses, sein Vater bedient an den schlichten Tischen, in der Küche sorgt die Mamma für Nachschub in der Vitrine und auf den Tischen. Mariniertes Gemüse, Kalbsmilz, *Nervetti*, fritierte Kraken, Eier, ein großes Stück Käse und belegte *panini* begleiten die *ombra.*

*Ein versteckter Winkel auf der Glasbläserinsel.*

Um die Mittagszeit macht sich Unruhe breit, ruck, zuck stehen Karaffen voll Landwein auf den Tischen. Dann das Stelldichein der lokalen Arbeiterschaft. Der Chef hastet, verteilt Brotkörbe, nennt die Tagesgerichte: *Pasta e fagioli*, *Risi e bisi*, *Spaghetti all' amatriciana.* Fischspezialitäten sind Barsch und Thunfisch. Kaum sitzen die Gäste, stehen die Teller schon dampfend vor ihnen auf den weißen Papiersets: Plaudern, Lachen, Trinken, die Rotweinkaraffe kreist. Kurze Zeit später ist die Osteria wieder verlassen, aufgeräumt.

# BUSA ALLE TORRE

**Campo San Stefano, 3**
**Murano**

**Fondamenta Venier**

◆

Öffnungszeiten: 9.00–17.00 Uhr

Ruhetag: Montag

◆

AMBIENTE

**

KÜCHE

***

WEINE

***

Gabriele Masidi, genannt Lele, ist ein echtes Original. Man muß den schwergewichtigen Muraneser einmal auf dem Fischmarkt der Pescheria bei der Reklamation einer Fischlieferung erlebt haben, um zu verstehen, warum sein winziges Lokal mit der großen, hübsch eingedeckten Terrasse am idyllischen Campo San Stefano einen so guten Ruf für

*Stolzer Padrone: Lele vor seiner Trattoria Busa alle Torre.*

Fischgerichte genießt. Lele macht nicht viel Federlesens, wenn die Qualität seiner Ware nicht stimmt. Dafür kann man sich aber auch blind auf die Empfehlungen von der schwarzen Tafel verlassen, die unübersehbar am Eingang zur klassischen Stehbar mit Marmorboden ausgehängt ist.

Muschelsuppe etwa wird hier zu einem Geschmackserlebnis, dem Zitronengras und Ingwer den besonderen Touch verleihen. Auch die Pasta ist vorzüglich. Empfehlenswert die Salate mit Räucherfisch und die Vorspeisenplatte nach »Laune des Chefs«, der immer wieder zwischen seinem Stammplatz am *banco* und der Küche hin- und hereilt und jeden Bereich des Lokals fest im Griff hat. Von Fleischspeisen rät Lele eher ab, obwohl er natürlich für Touristen auch eine Alternative zu Fisch bieten muß ... Wir bestellen dennoch ein »Wiener Schnitzel« für unseren kleinen Sohn. Und sind überrascht: zartes Kalbfleisch, gut gewürzt und perfekt

*Lebendiges Treiben auf dem stillen Campo – ein Ausflugsziel im Sommer.*

ausgebacken, besser haben wir es auch in Wien nicht bekommen. Vielleicht hätten wir doch Fleisch nehmen sollen? Unsere Zweifel verfliegen nach dem ersten Bissen Dorade. Der mit Kräutern gebratene Fisch duftet verführerisch und zergeht auf der Zunge. Es war doch richtig, Leles Tip zu folgen. Wir erfreuen uns am erfrischenden Prosecco, verfolgen die vorbeituckernden Boote auf dem Kanal, der den Campo zu einer Seite hin abschließt, genießen den Tag. Und wir beschließen, am nächsten Wochenende wiederzukommen und die Regatta von Murano anzusehen, bei der auch ein Boot der Trattoria mitfährt. Vielleicht sind wir ja bei der Siegesfeier dabei …

*Wer auf der begehrten Terrasse keinen Platz mehr findet, ist auch innen gut aufgehoben.*

# OSTERIA LAGUNA

**Via Pordelio, 444**
**Cavallino**

**Punta Sabbioni**

Öffnungszeiten: 12.00–14.30 und 18.30–21.30 Uhr

Ruhetag: Donnerstag; im Sommer mittags geöffnet

AMBIENTE

***

KÜCHE

****

WEINE

***

Die am weitesten vom Markusplatz entfernte Trattoria, die wir für dieses Buch ausgewählt haben – Anfahrt mit dem Schiff nach Punta Sabbioni, dann weitere 10 Kilometer mit dem Bus oder Taxi –, liegt an der Lagune, gerade noch in der Gemarkung Venedig, kurz bevor man am lärmenden Lido

*Der Chef berät selbst.*

di Jesolo in die Fänge von Bratwürstl oder Eisbein *con crauti* geraten würde. Cavallino heißt der noch eher beschauliche Urlaubsort auf dieser Landzunge, mit dem Ortsteil Ca' di Valle auf der Meerseite und dem Zentrum zur Lagune hin, die der Trattoria ihren Namen gegeben hat.

Der lange Weg zu diesem kulinarischen Ziel ist der Mühe wert. Die etwa vierzig Minuten dauernde Bootsfahrt ist kurzweilig, vom Bus aus lassen sich die wichtigsten Campingplätze grob inspizieren, und schließlich kann man sich in gediegenem Ambiente bei einer Küche erholen, die ihresgleichen sucht.

Ein Traum etwa als Vorspeise: die gemischten Muscheln vom Grill oder Sardinen und Lachs mariniert, Jakobsmuscheln oder gekochte Steingarnelen. Als Zwischengang Pastagerichte: beispielsweise schwarze Bigoli mit Tintenfisch, Tagliolini mit Strandkrabbensauce oder Ravioli mit Austern in Bottargasauce.

*Gastlichkeit und Ambiente dieser Trattoria machen die lange Anfahrt lohnenswert.*

Fleischliebhaber müßten sich mit Rinderfilet, Schweins- oder Kalbskotelett begnügen, sollten sich hier aber auch beim Hauptgang lieber vom Fischangebot überzeugen lassen: gebackene Adriafische oder Scampi mit Polenta, Aalschnitte vom Rost, Riesenscampi, Langusten, Hummer, Seeteufel, Schwertfisch oder Thunfisch vom Grill, Sternseher oder Drachenkopf in der Brühe ... was immer das Herz begehrt. Eine der Spezialitäten des Hauses: Meeräsche oder Seebarsch in der Salzkruste. Ein Augenschmaus allein das Zusehen, wenn der Fisch am Nachbartisch fachgerecht vorgelegt wird.
Der Service ist professionell, aber herzlich, Preise und Weine sind dem Speisenangebot angemessen. Speziell der ausgesprochen süffige offene Rosé-Schoppenwein scheint uns hier zu den unterschiedlichsten, immer jedoch sehr aromatischen Zubereitungen von Fischen und Meeresfrüchten eine stets passende und preisgünstige Wahl zu sein. Wie in andere Trattorien kamen wir mehrmals hierher – und wurden kein einziges Mal enttäuscht.

*In gediegenem Ambiente eine Küche, die ihresgleichen sucht.*

# WEITERE ENTDECKENSWERTE TRATTORIEN

Während unserer Recherchen haben wir zahlreiche alteingesessene Trattorien und Osterien besucht – viele entsprachen unseren Vorstellungen, andere nicht. Dafür haben wir unterwegs immer wieder Entdeckungen gemacht, die aus unerfindlichen Gründen noch in keinem Führer verzeichnet oder gerade erst eröffnet worden waren und auf die uns keiner unserer venezianischen Freunde hingewiesen hatte ... Glücksfälle! Andererseits standen wir manchmal auch bei bekannten Lokalen vor verschlossenen Türen – weil gerade Betriebsferien waren, das Haus renoviert wurde, in einem Fall sogar der Laden ausgebrannt war und, wie uns Nachbarn berichteten, erst in ein oder zwei Jahren wieder eröffnet würde.

Um solche Zufälligkeiten, die Begrenztheit des Platzes und die Unzulänglichkeiten unserer naturgemäß subjektiven Auswahl ein wenig zu relativieren, geben wir auf den folgenden Seiten Hinweise auf weitere Lokale, die Erlebnis und Genuß versprechen. Wir hoffen, Sie lassen uns am Besuch des einen oder anderen teilhaben, indem Sie uns von Ihren Erfahrungen berichten (bitte zu unseren Händen an die Verlagsadresse) – gerne würden wir Ihre »Entdeckung« später einmal in den Hauptteil einer aktualisierten Ausgabe dieses Guide aufnehmen. Dies gilt selbstverständlich auch für Empfehlungen, die über die folgenden Adressen hinausgehen.

## SAN MARCO

### DA CARLA

**Corte Contarina, San Marco, 1535**

Öffnungszeiten: 7.00–20.30 Uhr; Ruhetag: Sonntag

Kleine Bar, nur zwei Ecken vom Markusplatz (Sackgasse geht von der Frezzeria ab!), und noch ein Geheimtip der Einheimischen; Snacks, kleine Gerichte, gute offene Weine.

◆

### LA COLOMBA

**Piscina di Frezzeria, San Marco, 1665**

Venezianischer In-Treff mit guter Küche, chicen, sehr modebewußten Gästen und moderner Kunst als Dekoration; entsprechend die Preise.

## SAN POLO

### RUGA RIALTO

**San Polo, 692**

Öffnungszeiten: 10.00–24.00 Uhr; Ruhetag: Montag

Unweit des Rialto-Fischmarktes gelegene Osteria mit langer Theke voll appetitanregender *cicheti*.

◆

### ANTICHE CARAMPANE

**Rio Terrà de le Carampane, San Polo, 1911**

Ruhetag: Montag; Sonntagabend geschlossen

Versteckt im Gassengewirr von San Polo, unweit des Palazzo Albrizzi gelegene Trattoria, bekannt für sehr guten Fisch und vegetarisches *Fritto misto*; hübsche Sommerterrasse.

◆

### DA RENATO

**San Polo, 2245/a**

Öffnungszeiten: 12.00–14.30 und 19.00–22.30 Uhr; Ruhetag: Donnerstag

Sehr urtümliche Trattoria des Ehepaares Vittorio und Maria Dorigo; guter *fegato*; Terrasse an kleinem Campiello.

## SANTA CROCE

### MINIBAR DA LELE

**Campo di Tolentini, Santa Croce, 183**

Ruhetag: Sonntag; Samstagnachmittag und zweite Augusthälfte geschlossen

Osteria direkt am Tor zur Fußgängerstadt, dem Piazzale Roma. Sehr gute kalte Küche: *tramezzini*, Sandwiches, Häppchen. Inhaber Gabriele besorgt höchstpersönlich die Weine der Terraferma: aus Piave, Lison, Valdobbiádene.

◆

### OSTERIA RIVETTA

**Calle Sechera, Santa Croce, 637/A**

Öffnungszeiten: 7.30–21.00 Uhr, Ruhetag: Sonntag

Sehr typische, schlichte Osteria; gastfreundlich; gute *Cicheti*-Auswahl.

◆

### LA ZUCCA

**Ramo del Megio, Ponte del Megio, Santa Croce, 1762**

Ruhetag: Sonntag

Vegetarisches Restaurant mit ausgesprochen kreativer Küche; edles Ambiente.

◆

## CANNAREGIO

### TRATTORIA AI CANOTTIERI

**Fondamenta del Macello, Cannaregio, 690**

Öffnungszeiten: 11.00–15.30 und 19.00–24.00 Uhr; im Winter mittags und montags geschlossen

Venezianische Klassiker in unprätentiösem, gepflegtem Ambiente; besonders empfehlenswert ist Fisch; Mittwoch abends Livemusik im Gewölbe.

### FONTANA

**Fondamenta di Cannaregio, Cannaregio, 1102**

Öffnungszeiten: 8.30–14.30 und 18.00–22.00 Uhr; Ruhetag: Montag; Sonntagabend geschlossen

Freundliche Eck-Weinstube am Cannaregio-Kanal mit Sommerterrasse; gute Weinauswahl.

### CANTINA AZIENDE AGRICOLE

**Rio Terrà Farsetti, Cannaregio, 1847a**

Öffnungszeiten: 9.00–14.00 und 16.30–21.00 Uhr; Ruhetag: Sonntag

Osteria mit ausgesuchtem Weinangebot aus ganz Italien, speziell aus Venetien; *Cicheti*-Auswahl zum Wein.

### CANTINA VECIA CARBONERA

**Ponte Sant'Antonio/Campo della Maddalena, Cannaregio, 2329**

Öffnungszeiten: 8.30–21.30 Uhr (freitags und samstags bis 24.00 Uhr); Ruhetag: Montag

Von außen düster, aber sehr urig, entpuppt sich die kleine Weinbar als besuchenswert: gute Weinauswahl und leckere *panini*; nette Gäste.

◆

## OSTERIA ANTICA ADELAIDE

**Calle Priuli, Cannaregio, 3728**

Ruhetag: Montag

Kleine, familiäre Osteria mit sehr typischem Ambiente und leckerer *Cicheti*-Auswahl.

◆

## ALGIUBACIO

**Fondamenta Nuove, Cannaregio, 5039**

Öffnungszeiten: 6.30–20.30 Uhr; Ruhetag: Mittwoch

Das einzige hübsche Lokal mit Terrasse an den Fondamenta Nuove. Mit Blick auf San Michele und Murano schmecken lecker belegte *panini* so gut wie das hausgemachte Eis.

◆

## BOLDRIN

**San Canciano, Cannaregio, 5550**

Öffnungszeiten: 9.30–21.00 Uhr; Ruhetag: Sonntag

Die venezianische Variante eines Stehimbisses (nur wenige Tischchen) mit einer langgestreckten Vitrinentheke voll leckerer Kleinigkeiten: *tramezzini*, *panini*, *ciabattini*, *crostini*, günstige Fisch- und Gemüseaufläufe, duftende Pasta.

◆

## ALL'OMBRA

**Campiello Flaminio Correr, Cannaregio, 5603**

Öffnungszeiten: 8.00–15.00 und 16.30–1.00 Uhr; Ruhetag: Montag

Typische kleine Osteria am Hauptweg vom Bahnhof zum Markusplatz: eine angenehme Rastmöglichkeit auf halbem Weg bei guten Weinen und *cicheti*.

## CASTELLO

### HOSTERIA DA FRANZ

**Fondamenta San Giuseppe, Castello, 754**

Alteingesessene Traditionshosteria mit hervorragender Küche, eine der gastronomischen Institutionen Venedigs, nach einem Brand 1997 für unbestimmte Zeit wegen Renovierung geschlossen – Kenner hoffen und warten geduldig auf die Wiedereröffnung.

◆

### AE DO MARIE

**Calle dell'Olio, Castello, 3129**

Öffnungszeiten: 6.00–13.30 und 14.30–21.00 Uhr;

Ruhetag: Sonntag; Samstagabend geschlossen

Die traditionelle Osteria in der Nähe des Arsenale serviert andernorts selten gewordene Gabelbissen zum Wein.

◆

### AURELIO

**Salizzada dei Greci, Castello, 3453**

Originell dekorierte Weinbar mit traditioneller *Cicheti*-Auswahl; Sommerterrasse.

◆

### RIVETTA

**Ponte San Provolo, Castello, 4625**

Ruhetag: Montag

An einer der Hauptschlagadern Castellos gelegene Trattoria mit guter Küche; feine *cicheti* und gute *ombre* am *bancone*, der Stehbar.

◆

### AE DO PORTE

**Campo Santa Giustina, Castello, 6492**

Ruhetag: Mittwoch

Große, lebhafte Trattoria abseits der Touristenströme; gute Fischgerichte.

## DORSODURO

### LINEA D'OMBRA

**Punta della Dogana, Dorsoduro, 19**

Öffnungszeiten: 8.00–2.00 Uhr; Ruhetag: Mittwoch; Sonntagabend geschlossen

Fashionable Osteria: Treffpunkt der venezianischen Jeunesse dorée; Pianobar und Terrasse am Zattere-Kai.

◆

### AI CUGNAI

**Piscina del Forner, Dorsoduro, 857**

Ruhetag: Montag

Familiär von drei Schwestern geführte Trattoria, ruhig, gemütlich, mit Holzvertäfelung und Gemälden, nahe der Accademia; Spezialität des Hauses: *granseola* (Seespinne).

◆

### SAN TROVASO

**Fondamenta Priuli, Dorsoduro, 1016**

Ruhetag: Montag

Typische, freundliche, dabei preiswerte Trattoria mit italienischem Standardangebot und sehr guten venezianischen Gerichten.

◆

## LOCANDA MONTIN

**Fondamenta Eremite/Borgo, Dorsoduro, 1174**

Ruhetag: Mittwoch; Dienstagabend geschlossen

Früher ein Künstlerlokal (Eleonora Duse und Gabriele d'Annunzio wohnten hier, Ezra L. Pound war Stammgast), heute noch schöne Lage mit Garten, allerdings nicht ganz billig.

◆

## RIVIERA

**Fondamenta Zattere al Ponte Lungo, Dorsoduro, 1473**

Ruhetag: Montag; Sonntagabend geschlossen

Hübsch am Giudecca-Kanal gelegenes Lokal, bekannt für Pasta, Fisch und *fegato*.

◆

## ANGELO RAFFAELE

**Campo del Angelo Raffaele, Dorsoduro, 1722**

Öffnungszeiten: 12.30–14.00 und 18.00–22.30 Uhr; Ruhetag: Montag

In dem einer *cason* (einer der Entenjagdhütten der Laguneninseln) nachempfundenen Ambiente gibt es die angeblich besten *Sarde in saor* von ganz Venedig.

◆

## DA CODROMA, SAN VIO

**Ponte del Soccorso, Dorsoduro, 2540**

Öffnungszeiten: 10.00–15.30 und 19.00–2.00 Uhr;
Ruhetag: Donnerstag; Montagabend geschlossen

Eine der ältesten Osterien Venedigs; gute Snacks und Weine; freitags Autorenlesungen oder Livemusik.

◆

## LA FURATOLA

**Calle Lunga San Barnaba, Dorsoduro, 2870a**

Ruhetag: Donnerstag; Mittwochabend geschlossen

Von Venezianern bevorzugtes Lokal; erstklassig sind Fisch und Meeresfrüchte.

# INSELN

## AI MURRAZZI

**Via Kirchmayr, 16, Ecke Via Ca' Bianca, Lido, Ortsteil Ca'Bianca**

Öffnungszeiten: 12.30–14.00 und 19.30–22.00 Uhr; Ruhetag: Dienstag

Freundliches Restaurant direkt am Hochwasserschutzwall *(Murrazzi)* des Lido mit herrlichem Meerblick; gute Meeresfrüchte-Pasta, kleines, durchdachtes Weinangebot. Reservieren! Taxi ab Landestelle Lido: ca. 10 Minuten.

◆

## TRATTORIA GRASPO DE UA

**Via Baldessare Galuppi, Burano**

An der Hauptgasse gelegenes, sehr beliebtes Lokal mit guter Küche, abends am schönsten. Einzige Gästezimmer auf Burano. Rechtzeitig buchen!

◆

## AL CORALLO

**Fondamente di Vetrai, 73, Murano**

Ruhetag: Dienstag

Gutes Fischlokal auf der touristischen Hauptmeile; sehr hübsch, gute Küche; nicht billig.

◆

### AI FRATI

**Fondamente Venier, 4, Murano**

Ruhetag: Donnerstag

Terrassenlokal mit gutem Fischangebot im Zentrum von Murano.

◆

### ANTICA TRATTORIA

**Rivalonga, 20, Murano**

Sehr touristisches Gartenlokal mit langen Öffnungszeiten und erstaunlich guter Küche, dabei bezahlbar.

◆

### TRATTORIA ALTANELLA

**Calle delle Erbe, 268, Isola di Giudecca**

Ruhetage: Montag und Dienstag

Kleine, sehr ursprüngliche Trattoria mit reizvoll am Kanal gelegener Terrasse *(altanella)*, der ideale Ort für romantische Candlelight-Dinners an warmen Sommerabenden.

◆

## MESTRE

### LA PERGOLA

**Via Fiume, 42, Mestre**

Ruhetag: Montag

Ländliche, sehr gepflegte Osteria unweit des Bahnhofs mit interessant gewürzten Traditionsgerichten; gute Weine.

◆

### OSTARIA DA MARIANO

**Via Spalti, 49, Ecke Via Cecchini, Mestre**

Öffnungszeiten: 12.00–14.30 und 19.00–21.30 Uhr;
Ruhetag: Sonntag; Samstagmittag geschlossen

Nette Osteria im ehemals ländlichen Teil von Mestre; sehr gepflegtes, ruhiges Lokal mit leichter, aromatischer Küche; interessanter Weinkeller, auch gute Grappa-Auswahl. Reservierung empfohlen!

◆

## DALL'AMELIA

**Via Miranese, Mestre**

Ruhetag: Mittwoch

Eines der besten Lokale Venedigs – in Mestre. Top-Sommelier Dino Boscarati serviert phantasievolle Gerichte auf Basis alter Traditionen.

# KLEINER KULINARISCHER SPRACHFÜHRER

Das Studium einer venezianischen Speisenkarte stellt viele Reisende hier und da vor größere Probleme. Oft ist sie mit der Hand (auf Papier oder auf eine Kreidetafel) geschrieben, die Schrift schwer zu entziffern. Vor allem aber gibt es für bestimmte Speisen oder Zutaten – neben den italienischen – spezifisch venezianische Ausdrücke, mit denen auch ein Mailänder, Römer oder gar Neapolitaner seine liebe Not hätte.

Daher fügen wir hier ein kleines venezianisch-italienisch-deutsches »Wörterbuch« kulinarischer Begriffe an, das zumindest die wichtigsten Gerichte, Zutaten und Zubereitungsarten abdecken soll, um Ihnen die Bestellung zu erleichtern.

Wenn Sie gerade in einer Trattoria in Venedig sitzen: Bitte berücksichtigen Sie, daß es die Venezianer selbst mit der korrekten Schreibweise auch und gerade der venezianischen Bezeichnungen nicht immer ganz genau nehmen ...

| VENEZIANISCH | ITALIENISCH | DEUTSCH |
|---|---|---|
| *amolo* | *susina* | Pflaume |
| *anara* | *anatra, anitra* | Ente |
| *armelin* | *albicocca* | Aprikose |
| *articiocho* | *carciofo* | Artischocke |
| *aséo* | *aceto* | Essig |
| *asia* | *spinarolo* | Dornhai |
| | | |
| *bacalà* | *baccalà* | Stockfisch |

| | | |
|---|---|---|
| *baicolo* | | venezianisches Gebäck |
| *bigoli* | *spaghetti integrali* | Vollkornspaghetti |
| *bisato* | *anguilla* | Aal |
| *bisi* | *piselli* | Erbsen |
| *boseg(h)a* | *cefalo, musao* | Meeräsche |
| *bovoleto* | *lumaca di mare, chiocciola di mare* | Meerschnecke |
| *branzin* | *branzino* | Wolfsbarsch |
| *broeto* | *brodetto* | Fischsuppe |
| *bruscandoli* | | Wildhopfensprossen (für Risotto) |
| *budin* | *budino* | süßer Pudding |
| *bussolai* | | Kringelgebäck |
| *butiro* | *burro* | Butter |
| *canarin* | *canarino* | gelber Digestif aus Zitronenschale und Wasser |
| *canoca, canocia, canocchia, panocia* | *cicala di mare* | Heuschreckenkrebs |
| *ca(p)palunga, capa longha* | *cannolicchio* | Messermuschel, Messerscheide |
| *caparo(s)soli* | *tartufi di mare* | Venusmuscheln |
| *cap(p)asanta* | *conchiglia del pellegrino* | Jakobsmuschel |
| *caragolo, caragoi* | *lumaca di mare* | Meerschnecke |
| *carne in tecia* | *stufato* | Schmorbraten |
| *castradina* | *castrato* | Hammel(schmorbraten) |
| *castraure* | | kleine Artischocken |
| *cicheti* | *cicc(h)etti* | Häppchen |

| | | |
|---|---|---|
| *clinto* | | venezianische Rotweinsorte |
| *codeghin* | *cotechino* | Schlackwurst |
| *conicio* | *coniglio* | Kaninchen |
| *crema frita* | *crema fritta* | Karamelcreme |
| *cren* | *barbaforte* | Meerrettich |
| *crostoli* | | Karnevalsgebäck |
| *dind(i)o* | *tacchino* | Truthahn |
| *durelo* | *stomaco del pollo* | Hähnchenmagen |
| *fasioli* | *fagioli* | Bohnen |
| *fenoci* | *finocchi(o)* | Fenchel |
| *figa* | *fegato* | Leber |
| *folpet(t)o* | *moscardino* | Moschuskrake |
| *folpo* | *polpo, polipo* | Krake, Polyp |
| *formajo* | *formaggio* | Käse |
| *fragolino* | | Wein der Erdbeerrebe |
| *frito misto* | *fritto misto (di mare)* | fritierte Fische und Meeresfrüchte |
| *fritole* | *frittelle* | Karnevalskrapfen |
| *fugassa, fugazza* | *focaccia* | Hefefladen |
| *galano* | | Karnevalskrapfen |
| *gambereto* | *gamberetto* | Garnele |
| *ganasette* | | Fischbäckchen |
| *garusolo* | *lumaca di mare* | Meerschnecke |
| *gnochi* | *gnocchi* | Klößchen, Nockerln |
| *go, goata* | *ghiozzo* | Grundel (Karpfenart) |
| *golosesso* | *leccornia* | Leckerbissen |

| | | |
|---|---|---|
| *granceola, granseola* | *grancevola* | Seespinne, Meerspinne |
| *gransoporo* | *granciporro* | Taschenkrebs |
| | | |
| *lievaro* | *lepre* | (Feld-)Hase |
| *luganega* | *salsiccia* | venezianische Wurst |
| | | |
| *masaneta, mazaneta* | *granchio comune* | weibliche Strandkrabbe |
| *melansana* | *melanzana* | Aubergine |
| *minestron* | *minestrone* | Gemüsesuppe |
| *molec(h)a* | *granchio in muta* | männlicher Meereskrebs |
| *museto* | *musetto* | Kochwurst aus Schweinerüssel (*muso*) |
| *musso* | *asino* | Esel |
| | | |
| *naransa* | *arancia* | Orange |
| *nerveti* | *nervetti* | angemachte Kalbshaxenknorpel |
| | | |
| *ombra* | | Gläschen Wein (10 cl) |
| *osei scampai* | *spiedini* | Fleischspießchen |
| *ossocolo* | *coppa di maiale* | Schinken vom Schweinenacken |
| *ostrega* | *ostrica* | Auster |
| | | |
| *panada* | *zuppa di pane* | Brotsuppe |
| *paparele* | *pappardelle* | Bandnudeln |
| *parsuto* | *prosciutto* | Schinken |

| | | |
|---|---|---|
| *passera* | *passera* | kleine Seezunge |
| *pastissada* | | Ragout aus Pferd, Esel oder Rind |
| *peara* | | venezianische Pfeffersauce |
| *peoci* | *cozze* | Miesmuscheln |
| *pesse* | *pesce* | Fisch |
| *peverada* | | Pfeffersauce |
| *pol(l)astro* | *pollo* | junges Hähnchen |
| *polenta* | | Maisbrei |
| *poma* | *mela* | Apfel |
| *puina* | *ricotta* | Frischkäse |
| *quaja* | *quaglia* | Wachtel |
| *rafioi* | *ravioli* | Ravioli |
| *risi e bisi* | *risotto di piselli* | Erbsenrisotto |
| *risoto nero* | *risotto nero* | schwarzer Tintenfischrisotto |
| *rosto* | *arrosto* | gebraten |
| *saor* | | saure Zwiebelmarinade |
| *sardela* | *sardella* | Sardine |
| *saresa* | *ciliegia* | Kirsche |
| *schie* | *gamberetti grigi* | kleine graue Krabben |
| *s-chiosi* | *chiocciole* | Teigschnecken |
| *segola* | *cipolla* | Zwiebel |
| *selvadego* | *selvaggina* | Wildbret |
| *sepa* | *seppia* | Sepia, Tintenfisch |
| *sfoga* | *sogliola* | Seezunge |
| *sopa, supa* | *zuppa* | Suppe |

| | | |
|---|---|---|
| *sopa coada* | | venezianische Brotsuppe mit Taubenfleisch |
| *sop(p)ressa (veneta)* | | grobe Landsalami |
| *spareso* | *asparago* | Spargel |
| *spienza* | *milza* | Milz |
| *spritz* | | Aperitif aus Weißwein, Campari und Mineralwasser |
| *spumilia* | *mering(h)a* | Baiser |
| *suca* | *zucca* | Kürbis |
| *sucaro* | *zucchero* | Zucker |
| *supa* | *zuppa* | Suppe |
| *tecia* | *tegame* | Pfanne |
| *tegoline* | *fagiolini* | grüne Bohnen |
| *tocio* | *sugo* | Sauce |
| *torbolin(o)* | *vino novello, nuovo* | junger Wein |
| *tripa* | *trippa* | Kutteln |
| *vedelo* | *vitello* | Kalb |
| *vovo* | *uovo* | Ei |
| *zabaion* | *zabaione* | Weinschaumcreme |
| *zalet(i)* | *gialetti* | kleine Maisbrötchen |

# REGISTER

ISBN 3-453-15493-2



verpackt in einer Pizzaschachtel, ISBN 3-453-14922-X



ISBN 3-453-14924-6